AF250265

LA FRANCE

ET

L'EMPIRE DES INDES

DU MÊME AUTEUR

PAYS D'EXTRÊME ORIENT. — Siam. Indo-Chine centrale. Chine. Corée. — Voyages, Histoire, Géographie, Mœurs, Ressources naturelles. 1 vol. in-8°, 8 gravures. (Ouvrage approuvé par la Commission des bibliothèques scolaires.)

L'ILE DE CEYLAN et ses curiosités naturelles. 1 vol. in-12. 1 gravure. 6e édition. (Ouvrage approuvé par la Commission des bibliothèques scolaires.)

MADAGASCAR ET LES MADÉCASSES, Histoire, Mœurs, Productions du pays, Curiosités naturelles. 1 vol. in-12. 1 gravure. Nouvelle édition. (Ouvrage approuvé par la Commission des bibliothèques scolaires.)

PARIS. — IMPRIMERIE DE E. MARTINET, RUE MIGNON, 2.

GOUALIOR, RÉSIDENCE DE MADHADJI-SINDHYAH

OCTAVE SACHOT

LA FRANCE

ET

L'EMPIRE DES INDES

LES FONDATEURS DE LA DOMINATION FRANÇAISE
DANS LA PÉNINSULE INDIENNE

OFFICIERS DE FORTUNE EUROPÉENS
CHEZ LES PRINCES HINDOUS CONTEMPORAINS

DEUXIÈME ÉDITION

PARIS

VICTOR SARLIT, LIBRAIRE ÉDITEUR

RUE DE TOURNON, 19

1877

Les Anglais d'aujourd'hui nous donnent l'exemple de la justice et de l'impartialité éclairée par le temps, dans le soin scrupuleux qu'ils apportent à l'étude des faits et gestes des Français qui se sont illustrés dans les Indes. C'est ainsi que M. Cartwright publiait il y a quelques années, dans une revue trimestrielle de Londres, la meilleure des biographies qui aient été écrites de l'illustre et calomnié Dupleix. C'est ainsi encore que, plus récemment, le major Malleson, de l'armée du Bengale, publiait son beau volume *Hystory of the*

French in India, éloquent tribut payé au génie méconnu ou à la gloire oubliée des hardis pionniers, des patriotiques créateurs de l'éphémère puissance qu'exerça la France sur une vaste portion de cet immense Hindoustan, devenu depuis le plus beau fleuron de la couronne britannique.

A propos de ce livre, si différent comme vues de la volumineuse et classique histoire de Robert Orme, nettement antipathique d'un bout à l'autre aux aspirations françaises, la *Revue d'Édimbourg* n'a pas craint de dire qu'il était le premier récit anglais fidèle de la lutte engagée par la Compagnie anglaise des Indes contre l'influence française, et en particulier contre Dupleix. « Les idées nouvelles qu'a avancées le major Malleson, ajoutait le critique écossais, sont appuyées de preuves tirées de documents négligés jusqu'ici, d'origine anglaise et française, mais, pour la majeure partie, provenant de cette dernière source. Pour la première fois les archives de Pondichéry et les originaux de la correspondance officielle des commandants français ont été consultés au lieu de versions partiales d'hommes qui, directement intéressés dans le débat, n'ont pu, quelle que fût leur bonne foi, s'affranchir entièrement d'un esprit de parti qui avait son origine dans la rivalité la plus directe entre les officiers des deux nations... » Et plus loin : « Tandis que partout ailleurs la France de Louis XV présentait le spectacle uniforme d'une pitoyable incapacité, d'une honteuse décadence, elle possédait dans l'Inde un groupe isolé de fils aussi éminents par leur héroïque courage au milieu des circonstances contraires, que tous ceux qu'elle eût jamais vus naître. Ces hommes distingués ont eu cependant la triste destinée d'être d'abord abandonnés par la mère patrie, et ensuite d'avoir leur mémoire même ternie, calomniée, jusqu'à ce qu'enfin un Anglo-Indien se soit rencontré pour élever à leur mérite méconnu ce monument littéraire que, chose étonnante et inexplicable, aucun Français ne s'est

préoccupé de leur consacrer. Le livre du major
Malleson, œuvre d'érudition et de conscience, est
appelé à modifier radicalement quelques-uns des
témoignages généralement accrédités en Angleterre. »

Lors de l'apparition de cet ouvrage à tous
égards si estimable, nous en avons donné dans
la *Revue britannique* des extraits analytiques. Ces
extraits, nous les avons, à diverses dates, com-
plétés au moyen d'autres documents se rapportant même sujet; les uns traduits librement ou
analysés de différents périodiques anglais, les
autres originaux et nous appartenant en propre.

Ce sont ces divers articles qui composent la
matière du présent volume. Toutefois, avant de
les réunir en un seul corps, nous avons cru devoir
leur faire subir des remaniements et aussi ajouter
beaucoup au texte primitif. Si l'ensemble de notre
travail réussit à intéresser le lecteur, la meilleure

part du mérite, nous nous hâtons de le dire, devra surtout revenir à MM. Malleson et Cartwright et aux « reviewers » d'outre-Manche mis par nous à contribution, mais dont les écrits, suivant l'usage adopté dans la presse littéraire d'Angleterre, sont restés anonymes.

O. S.

LA FRANCE ET L'EMPIRE DES INDES

LES FONDATEURS DE LA DOMINATION FRANÇAISE DANS LA PÉNINSULE INDIENNE

I

François MARTIN. — LENOIR. — DUMAS.

La première tentative des Français de suivre la trace des aventuriers portugais, hollandais et anglais, qui les avaient précédés dans des expéditions aux Indes, date du règne de Louis XII, époque où les marchands de Rouen frétèrent deux navires pour faire le commerce dans les mers de l'Inde. En 1604, Henri IV octroya une charte à une compagnie, qui, mort-née, toutefois, ne redonna signe de vie que sous le souffle puissant de Richelieu, en 1642, quand ce ministre lui eut accordé des priviléges particuliers — priviléges dont le résultat immédiat fut un essai de colonisation sur Madagascar, abandonné d'ailleurs après plusieurs années de lutte avec les indigènes (1). Mais alors Colbert était le génie dirigeant de la France, et il ne se sentait pas disposé à laisser le commerce de l'Inde devenir le monopole de puissances maritimes rivales. Il rétablit, en conséquence, sur un nouveau pied la compagnie en détresse.

A cette époque, la puissance européenne la plus influente dans l'Inde était celle des Hollandais; ce fut donc à supplanter la Hollande que tendirent les efforts de la France.

Sous la direction d'un déserteur hollandais, nommé Caron, une expédition y fut envoyée, qui amena l'établissement des comptoirs de Surate et de Masulipatam, et causa une vive satisfaction aux hommes du gouvernement en rapportant des cargaisons lucratives. Mais la bonne foi de Caron ne tarda pas à être suspectée par ceux qui l'employaient, et il fut rappelé, en 1673, pour être remplacé par François Martin, qui avait servi sous lui, homme aussi simple d'allures que ferme dans ses résolutions.

Martin doit être regardé comme le véritable fondateur de la puissance et de la grandeur françaises dans l'Inde; il consacra à leur développement, pour citer les paroles du major Malleson, « une longue

(1) Voir *Madagascar et les Madécasses*, par Octave Sachot. 1 vol. in-12. Nouvelle édition. Paris, 1864. Sarlit, éditeur.

carrière de dévouement que le succès couronna. »
Ce fut Martin qui s'arrangea de façon à obtenir de
Chir-Khan-Lodi la concession d'un coin de terre
que son œil clairvoyant avait choisi, et c'est là
qu'après la destruction, en 1674, par les Hollandais, de l'établissement français de Saint-Thomé,
il jeta les fondements de Pondichéry. Mais cet établissement naissant, quoique destiné à devenir le
dernier boulevard de la puissance française dans
l'Inde, ne grandit pas sans de rudes épreuves. En
1673, les Hollandais, décidés à balayer de l'Inde
tout rival possible, s'attaquèrent à la petite colonie.
A la fin d'août de cette même année parut sous les
murs de Pondichéry une flotte composée de dix-
neuf vaisseaux de ligne, sans compter les transports
et les navires de moindre importance.

C'était l'armement le plus imposant qu'eussent
jamais vu les mers de l'Inde. « Il y avait à bord quinze
cents hommes de troupes européennes et deux mille
matelots européens, outre un certain nombre d'indigènes cingalais au service de la Hollande; plus
seize canons de bronze, six mortiers et un équipage
de siége. Non contents de ce développement de
forces, et peu rassurés, semble-t-il, sur leur efficacité, les Hollandais avaient au préalable écrit à
Ram-Radjah, devenu chef des Mahrattes à la mort de
Sambadji, pour lui proposer de lui acheter le district de Pondichéry. La réponse de Ram-Radjah mérite

qu'on la rappelle : « Les Français, répondit-il, ont acheté de bonne foi Pondichéry, et ils l'ont payé un bon prix; tout l'argent du monde, par conséquent, ne me déciderait point à les en déposséder. »

Malheureusement, quand la flotte hollandaise parut devant Pondichéry, l'honnête Mahratte n'était plus en état de s'interposer en faveur des Français. Il gémissait prisonnier dans la forteresse de Gingi, qu'Aureng-Zeyb avait fini par emporter. Pendant le siége, le pays d'alentour était tombé au pouvoir des Mongols, et ceux-ci, sollicités par les Hollandais, n'hésitèrent pas à leur vendre le district de Pondichéry pour cinquante mille pagodes, et même à détacher un corps d'armée à leur aide.

« Pour résister à cette formidable attaque, Martin était littéralement sans ressources. La compagnie française, en faisant son inventaire de 1683, n'avait pas découvert sans de vives alarmes que ses entreprises commerciales, au lieu de lui rapporter, avaient déjà dévoré la moitié de son capital. Elle était, par suite, d'autant moins disposée à envoyer des secours matériels à Martin, qu'elle regardait comme une folie impraticable les entreprises du gouverneur.

» Martin, dès le début, s'était donc vu abandonné à lui-même. On sait ce qu'il avait accompli néanmoins; comment il avait bâti et fortifié une ville, fondé un commerce, gagné la confiance des indigènes, aussi bien du peuple que des princes, et posé les bases d'une prospérité durable. Or tout cet édifice allait être renversé. Dans le cours d'une de ces guerres auxquelles le pays était constamment en proie, ses alliés indigènes s'étaient trouvés temporairement dans les rangs du parti vaincu. Il ne pouvait, par conséquent, attendre aucune assistance. N'ayant que six canons, trente ou quarante Européens et trois ou quatre cents soldats indiens, il se trouvait attaqué par une flotte et une armée assez fortes pour s'emparer de tous les établissements européens de l'Inde.

» Ce dut être un triste moment pour Martin que celui où il vit cet orage éclater sur sa tête et détruire les résultats visibles de sa sage et habile politique. Quoi qu'il en soit, il se prépara à lui tenir tête. Il avait pris la précaution d'éloigner de la ville tous les inutiles, et il était bien résolu à se défendre vigoureusement. Les Hollandais toutefois ne lui laissèrent pas de répit. Ils débarquèrent des troupes à la fin d'août, coupèrent ses communications du côté de la terre et du côté de la mer, et poussèrent leur attaque avec tant d'activité, que le 6 septembre, après une résistance de douze jours, Martin, désespérant de pouvoir prolonger la défense, demanda à parlementer.

» Une capitulation s'ensuivit, qui fut signée le 8. Elle se composait de treize articles, dont le principal était que la place serait livrée à la Compagnie hollandaise des Indes orientales ; que la garnison sortirait avec les honneurs de la guerre ; que les soldats indigènes se retireraient où bon leur semblerait ; mais que les Français seraient renvoyés en Europe, soit dans le courant de l'année, soit au commencement de l'autre.

» Ainsi finit en apparence pour toujours la tentative des Français de s'établir d'une manière permanente sur la côte de Coromandel. De toutes les tentatives que fit la France pour former une colonie dans l'Inde, celle-là avait été inaugurée sous les plus tristes auspices et avec les ressources les plus bornées. Cependant jusqu'au moment de la reddition de Pondichéry, c'est cette entreprise qui avait réussi le mieux. Formé des restes de la garnison de Saint-Thomé, originairement composé de soixante Européens seulement, qui n'avaient jamais été régulièrement renforcés et n'avaient jamais reçu que des additions passagères, l'établissement de Pondichéry ne s'était pas seulement soutenu pendant dix-sept ans, mais il s'était fait respecter des indigènes de la contrée.

» Quand on examine l'histoire de ces dix-sept années d'occupation, on ne peut s'empêcher de se demander comment cette poignée d'hommes abandonnés à eux-mêmes avait pu faire tant de choses, alors que d'autres expéditions pour lesquelles la compagnie avait dépensé des sommes folles avaient échoué si misérablement. La réponse est tout entière dans le caractère du chef. Tout était dû à François Martin. L'énergie, la persévérance de cet homme, sa douceur avec les Indiens, sa loyauté, formèrent les véritables fondations de Pondichéry. Jamais aventurier — si ce nom peut lui convenir — n'eut les mains plus pures, ne fut plus honnête, ne prit autant les intérêts de la France, et si peu les siens propres. Sous ce rapport, Martin fut tout l'opposé de Caron. Caron était avare, jaloux de la réputation des autres; Martin était désintéressé, libéral, généreux, sans l'ombre d'envie ni de jalousie, un vrai patriote. Tels sont les hommes qui fondent les empires et qui sont la gloire véritable de leur pays! Les fondations de Martin ne devaient pas être, il est vrai, couronnées par la possession d'un empire, mais elles furent bien près d'avoir cet honneur. La gloire de Martin est qu'elles le méritèrent; l'insuccès de ceux qui vinrent après lui ne saurait l'atteindre.

» Nous le voyons maintenant frustré de toutes ses espérances, avec ses dix-sept années d'absence comptées pour rien, faisant voile pour la France, pauvre et n'ayant rien à montrer comme résultats de ses longs travaux. Peut-on vraiment dire qu'il n'eût rien à montrer? Oui, peut-être, si l'on doit compter pour rien la connaissance d'un pays lointain, une heureuse aptitude à gouverner les hommes, une habileté particulière à se créer soi-même des ressources.

» A cette époque, heureusement, de pareils dons étaient plus appréciés qu'ils ne le sont souvent de nos jours. Il ne s'écoula pas beaucoup de temps avant que Martin pût s'apercevoir qu'ils lui avaient gagné la confiance de son pays à un point qui le mit à même de réparer les désastres de 1693 et de réédifier sur ses anciennes assises un pouvoir appelé à durer. »

L'accueil que Martin et ses compagnons rencontrèrent en France était encourageant. « Le ministre et les directeurs montrèrent un égal empressement à honorer un homme qui avait fait de si grandes choses avec de si petits moyens. Le roi lui conféra l'ordre de Saint-Lazare. D'un autre côté, la description que Martin fit de Pondichéry et de ses avantages piqua au vif l'intérêt des directeurs, qui jusque-là n'avaient éprouvé que des pertes. Ces personnages commençaient pour la première fois à apprécier l'importance d'un établissement qu'ils avaient jusque-là si fort négligé et que cette négligence même leur avait fait perdre. Pour le moment toutefois, il n'y avait rien à faire. La France combattait seule contre l'Espagne, l'Allemagne, l'Angleterre et la Hollande, et ces deux dernières puissances étaient dans l'Inde ses rivales heureuses. Il n'y avait qu'à attendre la paix. »

Celle-ci vint enfin. « Le 21 septembre 1697, le traité de Ryswik fut signé. L'un des articles stipulait qu'il serait fait restitution mutuelle de toutes les places prises pendant la guerre, de part et d'autre, en Europe et hors d'Europe. La fin de l'article contenait une clause spéciale pour Pondichéry : il était dit que ses fortifications ne seraient pas détruites et que la ville serait rendue telle quelle. »

Pondichéry ainsi recouvré, la compagnie française résolut de s'arranger de manière à ne pas laisser à l'avenir cette possession lui glisser des mains aussi facilement.

Martin fut de nouveau nommé au commandement de la place, et des instructions lui furent données pour ajouter encore à ses défenses. Il fut convenu qu'on rembourserait aux Hollandais seize mille pagodes qu'ils déclaraient avoir dépensées aux fortifications. En même temps on envoya aux Indes une escadre ayant à bord deux cents hommes de troupes régulières, plusieurs ingénieurs, de grands approvisionnements militaires, plusieurs pièces d'artillerie de campagne et de gros calibre, avec un abondant matériel à l'usage de la colonie.

« En arrivant à son poste, Martin se mit à l'œuvre pour commencer les améliorations. Il agrandit et augmenta les fortifications, réunit une garnison de sept à huit cents soldats européens, dressa le plan d'une grande ville et commença à la bâtir. Dans l'espace d'un peu plus d'un an, cent maisons nouvelles avaient été élevées, et la ville présentait de tels changements, que quiconque ne l'eût vue qu'en 1693, ne l'aurait pas reconnue. Martin ne négligea pas non plus de renouer ses relations avec les indigènes. Par les mêmes procédés de douceur et de loyauté qu'il avait adoptés jadis, il les attira en grand nombre sur la colonie; si bien qu'à sa mort, arrivée en 1706, Pondichéry ne contenait pas moins de quarante mille habitants. »

Après l'abandon de Madagascar en 1672, le siége de l'autorité suprême des Français dans les Indes avait été transféré à Surate. Mais en 1701, moins de trois ans après la réoccupation de Pondichéry, le commerce de Surate était tellement tombé, que le conseil supérieur des Indes fut reporté à Pondichéry, qui devint dès lors la résidence du directeur ou gouverneur général, ayant l'autorité suprême sur tous les comptoirs français de l'Inde. Presque immédiatement après, Martin fut nommé président du conseil supérieur et directeur général des affaires françaises dans l'Inde (1).

« Pendant ce temps, les affaires de la compagnie française, toujours mal administrées, ne tiraient pas de bien grands avantages de la paix. N'étant point

(1) Par lettres patentes signées par Louis XIV, datées de février 1701.

en état, par suite de manque d'argent, d'organiser pour son compte des expéditions de commerce, la compagnie fut forcée de recourir au système de la vente des licences. Avec des capitaux, une bonne direction à Paris et un Martin à Pondichéry, les Français auraient pu établir dans l'Inde un commerce qu'il n'eût point été facile de détruire, et qui aurait aidé immensément les projets ambitieux de quelques-uns des successeurs de Martin. Mais à la fin du xviie siècle, les ressources de la compagnie française étaient à peu près épuisées. Elle se débattit, il est vrai, encore quelque temps au moyen des expédients que nous venons de dire, mais sans que ces expédients servissent beaucoup l'établissement de Pondichéry. Les négociants qui achetaient les licences en question faisaient fortune ; tandis que les directeurs qui octroyaient ces mêmes licences en tiraient tout juste assez de profit pour empêcher leurs employés de mourir de faim. Ce fut un immense malheur que celui-là, à une époque où les affaires de la compagnie étaient administrées dans l'Inde par un homme d'une habileté manifeste et d'une rare intégrité.

» Alors que la ville de Pondichéry s'accroissait, et que ses habitants indigènes continuaient à augmenter dans une proportion énorme, par la simple raison qu'ils y trouvaient un bon gouvernement, les rapports avec la compagnie mère devenaient chaque jour de plus en plus précaires et incertains, et le conseil supérieur ne pouvait faire autrement que de craindre que, comme pour Madagascar et Surate, le temps n'arrivât bientôt où Pondichéry serait également abandonné. »

Les affaires étaient dans cet état d'incertitude quand Martin mourut. C'était le 30 décembre 1706.

« Sur le coin de terre qu'il avait occupé juste trente-deux ans auparavant avec soixante hommes, s'était élevée sous ses auspices une ville populeuse et florissante. Pour lui le fondateur, non-seulement il n'avait point amassé de richesses, mais il était mort pauvre, — pauvre mais honoré. Il avait consacré à son pays toute son énergie, aussi bien comme homme public que comme homme privé. Pondichéry, à sa mort, bien qu'encore à l'état de ville nouvelle, avait un air de prospérité qu'il était impossible de ne pas reconnaître. On y voyait un beau palais de briques pour le gouverneur, et bon nombre de maisons et de magasins bâtis également de briques. En vue de l'importance à venir de la ville qu'il fondait, Martin avait eu grand soin de tracer les rues de telle sorte que ceux qui bâtissaient des maisons ne pouvaient faire autrement que de contribuer à sa régularité et à sa beauté. Les fruits de ses excellents règlements furent abondamment recueillis par ses successeurs; ils sont visibles encore aujourd'hui.

» Près de dix ans s'étaient écoulés depuis que les Hollandais avaient restitué Pondichéry, et ces dix années avaient été des années de paix et de prospérité croissante. Les Français étaient alors en possession d'une grande réputation dans les cours des divers princes indiens, par des qualités qui étaient précisément l'inverse de celles qu'ils manifestaient d'ordinaire en Europe. La puissance de la France, ses ressources, le caractère sacré de ses enfants, étaient des sujets sur lesquels les Français de l'Inde n'insistaient jamais. Ils avaient soin, au contraire, de témoigner la plus grande déférence pour les désirs du prince avec lequel ils se trouvaient en contact, et d'essayer de gagner sa confiance en reconnaissant son pouvoir et son autorité. Leur politique, dans le fait, étant de s'adapter, autant que possible, aux mœurs des indigènes sans se départir de ces principes rigides qui peuvent seuls inspirer la confiance.

» A cet égard, le gouverneur de Pondichéry avait quelque chose à reconquérir, car le triste départ de Surate avait porté un coup sérieux au crédit français. Bien qu'il fût réservé à l'avenir d'atténuer ce coup, Martin, par la loyauté de sa conduite et de ses actes, amena l'état de ses relations avec les princes indigènes à un tel point que, non-seulement on avait en lui et en ses Français une absolue confiance, mais que personnellement il était entouré d'estime et de considération. C'est ainsi qu'il put poser les bases de ses relations intimes avec les puissances indigènes, dont les plus illustres de ses successeurs se servirent d'une manière si efficace pour établir dans l'Inde un empire français. Peut-être fût-ce qu'abandonné si longtemps à ses propres ressources en présence de pouvoirs en lutte les uns contre les autres, pouvoirs dont un seul eût suffi pour l'annihiler, il avait jugé que la politique de conciliation était pour lui la seule qui fût sûre. Même alors, néanmoins, lui revient indubitablement l'honneur d'avoir su pénétrer assez avant dans le caractère des indigènes pour les faire servir à ses desseins, tout en ayant l'air de se conformer à leurs désirs.

» Un autre résultat remarquable de l'habile politique de Martin, c'est que le développement de Pondichéry ne causa ni envie ni appréhensions à aucun des princes du pays. Ce résultat ne peut être attribué qu'à la confiance qu'avait inspirée cette politique. Les canons braqués sur les remparts n'étaient pas regardés comme une menace pour le pouvoir indigène, mais comme un moyen de défense contre une des nations européennes rivales. Lorsqu'un prince indigène visitait Pondichéry, il était reçu en ami; on s'empressait à lui faire honneur; on le priait de prolonger son séjour dans la ville. Jamais on ne laissa paraître l'idée

de considérer les Indiens comme des ennemis. En
les reconnaissant comme les possesseurs légitimes
du pays, les Français faisaient montre de ne se
regarder que comme leurs meilleurs tenanciers, de
ne leur vouloir que du bien. Pondichéry grandit
donc sans exciter le moindre sentiment de défiance.
Les plus puissants des princes et des nobles de
son voisinage s'y rendaient à leur gré. Les bons
offices des Français étaient souvent employés pour
aplanir les difficultés, décider les contestations.
C'est ainsi que ceux-ci, non-seulement se faisaient
tolérer, mais encore estimer et aimer. Les Français
étaient les seuls Européens que les indigènes vis-
sent avec une réelle sympathie. Des témoignages
de cette sympathie se manifestaient à chaque instant. Les événements subséquents prouvèrent du
reste qu'elle était réelle.

» Cette entente cordiale avec les enfants du sol
— excellente base sur laquelle bâtir une Inde française — fut, à un plus haut degré encore que nous ne
l'avons dit, l'œuvre de ce même Martin auquel l'un
des derniers écrivains français qui se soient occupés
de l'Inde française (1) consacre à peine une demi-
douzaine de lignes. Est-ce sa faute si ses successeurs
ont aventuré et perdu ce qu'il avait mis tant de soin,
d'énergie et de prudence à conquérir? Les plus fer-

____

(1) *L'Inde,* par X. Raymond.

vents admirateurs de Dupleix, les plus déterminés défenseurs de Lally, les plus dévoués partisans de Bussy ne peuvent le prétendre. N'est-ce pas plutôt que la facilité même des succès de Martin fit éclore, chez les plus ambitieux de ses successeurs, ce magnifique rêve de domination suprême qu'on voit caresser tout spécialement par ceux qui ont la conscience de leur haute valeur? C'est ce dont on peut se convaincre en étudiant la carrière de ces hommes. »

La prospérité qui avait accompagné l'administration de Martin s'évanouit lorsque cessa son habile direction. La fatalité particulière qui semble toujours peser sur les institutions commerciales développées par les priviléges exclusifs du monopole s'abattit aussi sur la Compagnie française des Indes orientales. Cette compagnie, œuvre de Colbert, était devenue virtuellement insolvable, malgré les magnifiques priviléges qu'elle tenait de l'État, lorsque le fameux Law, exploitant la fascination particulière qu'exerçait sur les masses une société en relation de commerce avec le riche Orient, se précipita sur le corps moribond pour s'en faire un instrument à recruter des dupes.

Sous l'impulsion de ce stimulant, la Compagnie perpétuelle des Indes devint un vaste champ de folles spéculations momentanément accompagnées des dehors d'un prodigieux succès. D'humble association de simples marchands qu'elle était d'abord, la compagnie en question revêtit les splendeurs d'une corporation souveraine, juqu'à ce qu'en 1721, l'inévitable catastrophe qui devait résulter de tout ce jeu effréné l'eût réduite de nouveau aux proportions que lui avaient données la charte de Colbert, avec l'addition du monopole de la vente du tabac en France. Heureusement, pendant sa courte période de prospérité, la compagnie avait été assez prévoyante pour envoyer à Pondichéry des approvisionnements considérables et de fortes sommes d'argent, qui parvenus au gouverneur Lenoir, en 1721, lui fournirent les moyens de faire, dans les années suivantes, quand la compagnie se trouva de nouveau sans fonds, traverser les mauvais jours aux établissements français.

De 1720 à 1741 se continua un état de choses qui, bien que loin d'être satisfaisant, en ce sens que les finances de la compagnie languissaient et que ses directeurs montraient une coupable incurie pour les établissements qui leur étaient confiés, fut moins désastreux qu'on aurait pu s'y attendre, grâce aux qualités pratiques déployées sur place par les agents de la compagnie.

Parmi ces derniers, Dumas mérite une mention spéciale.

Dumas était depuis longtemps au service de la Compagnie des Indes. En 1713, à l'âge de dix-sept ans, il s'était rendu tout droit à Pondichéry et il y avait déployé tant d'habileté et d'aptitude que cinq ans plus tard il avait été nommé membre du conseil supérieur, et en juin 1721 procureur général. De là il était passé aux îles de France et de Bourbon en qualité de membre du gouvernement suprême, et après avoir rempli successivement les fonctions de directeur général pour la Compagnie des Indes et de président du conseil supérieur, il avait fini par être nommé gouverneur de ces îles. Il occupait ce poste en 1735, quand il fut appelé à succéder à Lenoir comme gouverneur général des possessions françaises de l'Inde.

« Le nouveau gouverneur, dit M. Malleson, était un homme adroit, clairvoyant, prudent, ne risquant rien sans avoir en vue un but tangible; brave, résolu, jaloux de l'honneur de la France, connaissant à fond le caractère indien, attaché aux traditions de François Martin, ami de la paix et désireux par-dessus tout d'agrandir le territoire français de l'Inde par les moyens doux. »

Ce fut lui qui le premier conquit à ses compatriotes une influence politique, par le respect qu'inspira aux indigènes la fermeté dont il fit preuve à l'occasion de la grande invasion des Mahrattes dans le Karnatic en 1740. Les incidents de cette terrible irruption eurent, en effet, des conséquences capitales en nouant des relations intimes entre les chefs indigènes et les autorités françaises, relations qui servirent de base à cet ascendant moral au moyen duquel Dupleix put, pendant tant d'années, faire servir à ses desseins les forces des princes indiens. Aussi est-il indispensable, pour bien comprendre les événements qui suivirent, de rappeler les faits principaux qui se rattachent à cette invasion.

A cette époque, la vice-royauté du Karnatic avait été conférée par le Grand Mogol à Dost-Ali, qui avait un fils aîné, Sufder-Ali, et un beau-fils, Chunda-Sahib, appelé à jouer un rôle proéminent dans la politique de l'Inde, et depuis ses plus tendres années, ami déclaré des Français. Le 20 mai 1739, Dost-Ali, surpris et complétement battu par les Mahrattes, resta sur le champ de bataille parmi les morts, ainsi que son second fils. Après ce désastre, Sufder-Ali et Chunda-Sahib, qui s'étaient réfugiés l'un dans Vellore et l'autre dans Tritchinapali, forteresses de premier ordre, sollicitèrent du gouverneur de Pondichéry, Dumas, la faveur d'envoyer leurs familles et leurs trésors, dans cette ville, pour y être en sûreté, tandis qu'eux-mêmes se préparaient à résister dans leurs forteresses aux attaques des envahisseurs. Cette demande présentait de très-graves inconvénients; y satisfaire, c'était ouvertement provoquer le ressentiment des Mahrattes. Cependant, après avoir mûrement pesé tous les risques, Dumas consentit à accorder la protection demandée, et c'est ce qu'il fit avec l'assentiment de son conseil.

L'entrée du cortége princier fut l'occasion d'un grand cérémonial. La garnison était sous les armes sur les remparts. Le gouverneur, dans un magnifique palanquin d'apparat, et suivi de ses gardes à pied et à cheval, se rendit à la porte Valdaur. La porte fut dès lors ouverte et livra passage à la veuve du nabab, à ses filles et à ses parents, dans vingt-deux palanquins suivis de mille cinq cents cavaliers, huit éléphants, trois cents chameaux, deux cents chars à bœufs et deux mille bêtes de somme.

L'entrée du personnage principal fut saluée par les canons des remparts, et la veuve du nabab fut conduite par le gouverneur en personne aux appartements préparés pour la recevoir. Le même cérémonial se répéta quelques jours après pour l'entrée de la veuve et du fils de Chunda-Sahib (1).

Pendant ce temps, les Mahrattes, profitant de leurs victoires, avaient occupé Arcot sans coup férir; puis ils avaient envoyé des détachements ravager le pays. Toutefois les habitants du Karnatic, aux premiers bruits de guerre, avaient transporté leurs biens les plus précieux dans les places fortes. Les uns s'étaient enfuis à Madras, les autres à Vellore, d'autres à Pondichéry. De sorte qu'au point de vue du butin à

_____

(1) *Histoire des Indes orientales*, par l'abbé Guyon.

faire, la campagne des Mahrattes avait en quelque sorte avorté.

Alors ce qu'avait prévu Dumas arriva. Ragodji-Bonsla, le chef mahratte, menaça impérieusement Pondichéry du sort qu'avait subi Bassein, si les Français ne lui payaient pas un tribut et ne lui livraient pas les personnes et les trésors qui avaient été placés sous leur protection. Dumas ne s'émut pas de cette menace, et fit résolûment tous ses préparatifs pour défendre Pondichéry jusqu'au dernier homme, plutôt que de trahir la foi jurée, bien qu'il n'ignorât pas qu'avec l'inconstance propre aux Orientaux, un des deux personnages dans l'intérêt desquels il s'exposait à de graves dangers avait entamé déjà des négociations secrètes avec l'ennemi.

Sufder-Ali était envieux de la position acquise par Chunda-Sahib. Son ambition était de succéder au titre de nabab de son père, avec un pouvoir aussi étendu que celui qu'il avait possédé, et, pour parvenir à ses fins, il fit des promesses aux Mahrattes, pour le cas où ils l'aideraient à chasser d'Arcot Chunda-Sahib.

Il va sans dire que ces intrigues perfides devaient rester rigoureusement secrètes; mais la vigilance de Dumas avait pénétré le complot, sans toutefois qu'aucun indice de sa découverte eût été donné au conspirateur. Lors donc que les Mahrattes se furent retirés, par suite de leur accord secret avec Sufder-Ali, et

que celui-ci vint à Pondichéry en grand apparat
pour témoigner sa reconnaissance des services qu'on
lui avait rendus, Dumas fit en sorte d'obtenir une
récompense matérielle sous forme d'une concession
de territoire, laquelle fut postérieurement confirmée
par un firman signé à Delhy, plus l'investiture par
le Grand Mogol, non pas de Dumas personnellement,
mais du gouverneur français à toute époque, avec
le rang de nabab.

Toutefois, à peine cette visite solennelle était-elle
terminée, que les Mahrattes, d'intelligence avec le
perfide Sufder-Ali, se répandirent de nouveau dans
le Karnatic, et, après s'être emparés de l'infortuné
Chunda-Sahib, qui n'était nullement sur ses gardes,
assiégèrent Pondichéry avec des forces qu'ils
croyaient irrésistibles ; mais Dumas, qui avait toujours dans ses murs la famille et les trésors de Chunda-Sahib prisonnier, soutint bravement l'attaque,
refusant d'acheter son salut en livrant des êtres confiés à son honneur ; tant et si bien que, devant l'intrépide résistance des Français, les envahisseurs
finirent par se retirer, emmenant, pour toute consolation de leur déconvenue, Chunda-Sahib prisonnier dans leur pays, sur la côte occidentale.

L'avantage immédiat que la compagnie française
retira de ce succès sur un ennemi réputé jusque-là
invincible, et de la profonde impression produite
sur l'esprit des indigènes par le spectacle de l'imper-

turbable fermeté de Dumas, fut un degré d'influence surpassant tout ce que jusqu'à cette époque les Européens avaient cru possible d'acquérir dans l'Inde. La concession d'un petit territoire n'était rien en comparaison de l'ascendant moral impalpable, mais cependant réel, qu'impliquait l'élévation du gouverneur français au rang de nabab par le Grand Mogol reconnaissant. Aux yeux des indigènes, ce *sunnud* grandissait d'un coup les Français au point d'en faire une puissance supérieure; et lorsque, quelques mois plus tard, dans le courant d'octobre 1741, Dumas se retira, il avait tout droit de se flatter d'avoir considérablement rehaussé la position de la compagnie.

II

DUPLEIX. — LA BOURDONNAIS.
BUSSY.

I

Le successeur de Dumas ne fut autre que Dupleix. L'entrée en scène de cet homme illustre inaugure une phase tout à fait nouvelle de l'histoire des Français dans l'Inde. A partir de ce moment, nous abordons la période brillante qui comprend les efforts sublimes faits pour fonder dans ce pays un empire français, et enlever cette magnifique couronne qui devait, en définitive, échoir en partage à la Grande-Bretagne. Cette période peut se diviser en trois phases représentées chacune par une figure centrale proéminente : Dupleix, Bussy et Lally.

Des points sur lesquels le major Malleson est en désaccord avec les opinions en cours, aucun n'est mieux fait pour soulever la controverse chez ses compatriotes que la manière nette dont il disculpe

Dupleix des accusations de mauvaise foi et de vanité démesurée portées contre lui par tous les écrivains anglais qui ont traité de l'histoire de l'Inde (1). Les adversaires de Dupleix ont volontiers reconnu qu'il déploya des talents peu ordinaires, mais on a aussi accrédité cette opinion qu'au fond de sa politique étaient une ambition personnelle et un orgueil excessif. Le major Malleson, d'accord avec la vérité historique résultant des faits et des documents les plus récemment mis au jour, nous assure que cette manière de juger le caractère de Dupleix est absolument fausse, et provient principalement d'une appréciation tout à fait erronée de sa conduite à l'occasion de la capitulation de Madras, l'un des grands événements survenus dans le cours de sa carrière dans l'Inde.

Ce déplorable déni de justice est dû en outre aux criminelles machinations de La Bourdonnais, qui, après s'être traîtreusement allié aux Anglais, s'appliqua à tromper l'opinion publique en France en se faisant passer pour la victime des persécutions du collègue à l'égard duquel il s'est, lui, montré au

___

(1) M. Mill (*L'Inde anglaise*, vol. III, p. 67) suit principalement Orme dans son récit de la conduite de Dupleix, et il admet, les yeux fermés, les accusations de La Bourdonnais contre son rival. Le docteur Marshman, dans son abrégé de l'*Histoire de l'Inde*, n'a fait que marcher sur les traces de ses prédécesseurs, en ce qui touche à l'occupation française, et il a envisagé à un point de vue tout à fait faux le caractère et la conduite de Dupleix.

contraire cruellement injuste, ainsi qu'on le verra plus loin.

Quoiqu'il en coûte de se voir forcé d'admettre une opinion diamétralement contraire à celle qu'on s'était habitué jusque-là à accepter pour vraie, nous n'hésitons pas à dire que le major Malleson a tranché la question d'une façon concluante. Le caractère de Dupleix était à la hauteur de son génie, et l'injustice dont il a été si longtemps victime est d'autant plus grande, que précisément, sous le rapport de la noblesse des sentiments, Dupleix ne le céda à aucun de ceux de ses compatriotes qui se sont illustrés dans l'Inde à un titre quelconque. Les talents déployés par plusieurs de ces hommes étaient d'un ordre inférieur aux siens. Bussy pourra seul être mis sur le même rang que Dupleix pour la hardiesse des conceptions et la merveilleuse connaissance des hommes; mais pour le désintéressement, l'abnégation généreuse, le dévouement infatigable au bien public — toutes qualités précisément qui lui ont été déniées, — Dupleix est sans rival.

« On admire beaucoup, dit avec autant de vérité que de légitime orgueil national M. Xavier Raymond, dans son livre *l'Inde*, on admire beaucoup et l'on cite souvent l'Angleterre pour avoir résolu ce grand problème, de gouverner à quatre mille lieues de distance, avec quelques centaines d'employés civils et quelques milliers d'employés militaires, ses

immenses possessions de l'Inde. S'il y a quelque
nouveauté, quelque hardiesse et quelque génie politique dans cette idée, il faut reconnaître que l'honneur en revient à Dupleix, et que l'Angleterre, qui
en recueille aujourd'hui le profit et la gloire, n'a eu
qu'à suivre les voies que le génie de la France lui
avait ouvertes. »

Quand Dupleix succéda au gouvernement suprême
des établissements français, il avait déjà fait dans
l'Inde un apprentissage de plus de vingt années,
pendant les dix dernières desquelles il avait admi-
nistré Chandernagor, à la grande satisfaction de la
compagnie, puisqu'il était arrivé à faire de ce comptoir en ruine un centre d'activité d'une prospérité
sans précédent. Dupleix arriva donc à Pondichéry
— encore sous le contre-coup des déprédations des
Mahrattes — avec une haute réputation de capacités
administratives, sur lesquelles les directeurs fondaient les plus grandes espérances pour l'amélioration de la situation de la compagnie, si tristement
éprouvée.

Cet espoir ne fut point déçu; Dupleix non-seulement consacra toute son énergie, mais encore sa-
crifia une partie de sa fortune privée, qui était considérable, à régénérer Pondichéry. Il est manifeste
que dès le commencement il organisa ses plans avec
la ferme intention de créer à la compagnie, dans le
Karnatic, une position souveraine que les directeurs

n'avaient jamais rêvée. Dans les rapports qu'il avait eus à Chandernagor avec les princes indigènes, Dupleix s'était intimement pénétré de la puissance relative des Européens et des Orientaux, et, plein de confiance dans son jugement, il avait conçu un plan d'opérations surpassant en grandeur tout ce qu'avaient encore osé rêver les plus audacieux aventuriers d'Europe dans l'Inde.

Arrivé dans le pays au milieu des circonstances d'où est né l'empire anglo-indien, Dupleix comprit d'instinct l'importance du moment. Il vit du premier coup d'œil la nécessité d'implanter sur le sol indien la domination européenne, et avec la même rapidité il comprit la facilité des moyens. L'anarchie déchirait l'empire des Mongols. L'empereur de Delhi pouvait devenir entre les mains des Européens un simple simulacre destiné à prêter aux empiétements de ceux-ci la sanction de l'autorité suprême. Ces turbulents nababs, dont l'obéissance aux descendants de Tamerlan n'était plus depuis longtemps que nominale, et qui maintenant rivalisaient de rapacité dans leurs extorsions à l'égard des étrangers, pouvaient être ramenés dans un vasselage effectif, vasselage qui, juré à Delhi, dépendrait réellement de Pondichéry.

Ce gigantesque projet ne flotta pas seulement à l'état de vague vision dans le cerveau de Dupleix. Il fut une œuvre complète à laquelle son auteur s'attacha avec toute la confiance et la conviction d'un esprit supérieur. Cette position prodigieuse à laquelle les Anglais sont arrivés en quelque sorte par hasard, presque contre leur gré, et qu'à coup sûr ils n'avaient pas eu, dans l'origine, l'idée de prendre jamais, Dupleix, lui, l'avait de prime saut envisagée pour son pays et abordée de front avec la merveilleuse audace du génie.

Ce plan si hardi était basé sur deux points : l'expulsion des forces anglaises rivales de la côte de Coromandel et la conquête tacite du Karnatic, sinon plus, au moyen d'une alliance active avec les représentants de l'autorité mongole. Cette alliance, dans les vues de Dupleix, devait bientôt rendre le pays tributaire des Français, en raison de la protection plus efficace que le Mogol chancelant trouverait dans des troupes européennes contre la pression des envahisseurs mahrattes et des princes insurgés. Faire de ses compatriotes les seuls Européens occupant cette partie du globe, préparer la destruction de Madras et de tous les établissements anglais dans le Karnatic, et prendre sur le soubahdar du Décan, vice-roi au nom du Grand Mogol, un ascendant moral qui lui permît de se servir de ce potentat comme d'un simple instrument lorsque le temps en serait venu, telle était la politique au triomphe de laquelle Dupleix travailla silencieusement avec une infatigable ardeur jusqu'en 1743, époque où la rupture entre

2.

la France et l'Angleterre lui fournit l'occasion d'entamer l'exécution des desseins qu'il nourrissait depuis longtemps.

Si l'on trouve qu'en entretenant ainsi l'idée fixe de chasser complétement les Anglais de l'Inde méridionale, Dupleix agissait sous l'empire d'une implacable animosité, il est à propos de se rappeler que dans le camp opposé on nourrissait le même sentiment contre les Français.

La politique des directeurs anglais était guidée par un esprit identique à celui qui inspirait la politique de Dupleix; seulement elle n'avait pas une vigueur égale à son service. La compagnie anglaise et la compagnie française, dans ces contrées, vivaient mutuellement dans les termes d'une rivalité si passionnée, qu'il n'était pas même question entre elles d'entretenir au moins de simples relations de bon voisinage. Un sentiment de profonde jalousie et d'hostilité sans frein, qui rendait impossible une entente solide et durable, animait l'un contre l'autre les établissements rivaux de Pondichéry et de Madras. Aussi, lorsque la guerre eut éclaté d'une manière positive, les Anglais, plus alertes que les directeurs ruinés et pusillanimes de la compagnie française, envoyèrent dans l'Inde une expédition formidable en vue de prendre l'avance et d'anéantir entièrement leurs rivaux avant que ceux-ci eussent reçu des secours de France.

MADRAS.

Mais n'anticipons pas sur les événements.

II

L'histoire du prestige trop tôt évanoui de la France dans l'Inde se trouve condensée tout entière dans la noble carrière de Dupleix. Cette carrière, nous allons la faire passer sous les yeux du lecteur, en la prenant dès le début et en reproduisant le plus souvent les propres termes des deux écrivains qui jusqu'à présent ont le plus contribué à la présenter sous son véritable jour, le major Malleson et M. Cartwright.

« Singulière et cruelle bizarrerie du sort, s'écrie ce dernier dans une remarquable étude sur Dupleix, publiée vers 1863 dans un grand périodique d'outre-Manche, étude que nous avons à cette époque reproduite dans la *Revue britannique* et que nous allons reproduire ici presque dans son entier ; — singulière et cruelle bizarrerie du sort, que cet homme de génie s'il en fut jamais, ait non-seulement été en butte à l'injustice de ses compatriotes pendant sa vie, mais qu'après sa mort aussi son nom soit tombé dans un oubli immérité ! Tous les gouverneurs anglais de l'Inde qui ont marqué ont eu leur page d'histoire, l'ombre du pauvre Dupleix n'a pas même eu cette simple réparation. La littérature française, si riche

en monuments biographiques sur les morts éminents, semble avoir absolument dédaigné la mémoire d'un homme qui a sa place parmi ceux dont
la France a le plus le droit d'être fière. M. de Saint-
Priest n'a point comblé la lacune (1). A vrai dire, la
plus juste appréciation qui jusqu'ici ait été faite du
génie de Dupleix est encore celle de l'Anglais Robert
Orme, en dépit des préventions naturelles de l'historien contre un homme qui était le plus dangereux
adversaire de la prépondérance anglaise. Ce n'est
cependant pas qu'il manque de matériaux pour la
biographie de Dupleix. Outre l'énorme correspondance que renferment les Archives de l'empire,
la Société asiatique de Paris a maintenant en sa
possession une précieuse collection de documents
relatifs aux possessions françaises de l'Inde, documents à elle légués par M. Ariel, ancien conserva-
teur des archives de Pondichéry. Bon nombre des
papiers de Dupleix sont également aux mains de sa
famille. Ces diverses sources ont été consultées par
nous; il n'y a donc pas trop de présomption à annoncer que notre esquisse biographique est jusqu'à
ce jour la plus complète. »

Il a été fait si peu pour élucider les faits les plus
simples de l'existence de Dupleix, que le lieu et la
date de sa naissance ont été donnés très-diverse-

____

(1) *Études biographiques et littéraires*, par M. de Saint-Priest.
—.Paris, Amiot.

ment. De documents officiels conservés aux archives de la marine à Paris, il résulte d'une manière irrécusable que Joseph-François Dupleix naquit et fut baptisé le 1er janvier 1697, à Landrecies, dans le Hainaut, province dont son père était fermier général, bien qu'originaire des environs de Châtellerault.

La charge de celui-ci atteste une certaine importance dans l'homme. Comme la plupart de ses collègues, le fermier général Dupleix s'occupait beaucoup de spéculations commerciales. C'était toutefois, paraît-il, un homme extrêmement parcimonieux (défaut qui n'est pas rare chez les individus qui passent leur vie à manier de l'argent) et d'une maussaderie de caractère qui, dans sa maison, dégénérait en une véritable tyrannie. Ce malheureux penchant à l'arbitraire peut souvent, il est vrai, n'être que l'interprétation mauvaise de ce qui n'est, au fond, qu'un sentiment d'affection mal raisonné. Tel semble avoir été le cas avec le fermier général Dupleix, qui évidemment avait à cœur, à sa manière, l'éducation et le bien-être de son fils, fieffé prodigue, suivant lui, et dont les goûts excentriques le mettaient en fureur. Le vieux financier était, en un mot, un rigide partisan de la discipline, et tout ce qui, de la part de ses enfants, ressemblait à de l'opposition, était jugé par lui révolte ouverte. De là de sérieux désaccords entre le père et le fils.

Dupleix raconte comment, dès sa plus tendre enfance, on avait soin de lui présenter chaque chose sous son point de vue [exclusivement pratique et commercial. Cette instruction étroite n'empêcha pas l'enfant de montrer du goût pour les hautes spéculations de l'intelligence. L'arithmétique, qu'il ne devait employer qu'à calculer des produits mercantiles, lui fut un premier échelon pour arriver à résoudre les divers problèmes des mathématiques. La trigonométrie le séduisait; il aimait surtout à étudier les questions pratiques de l'art de l'ingénieur, et il écoutait avec toute l'ardeur de son âge les sérieuses conversations des hommes de science.

Il différait de ses camarades même dans ses distractions. Il avait au plus haut degré le sentiment du beau, et ce sentiment lui faisait chercher ses délassements dans de nobles occupations. Il fut toute sa vie amateur passionné de musique, et il y excellait. Gouverneur général de l'Inde française, il se reposait des tracas des affaires et de la politique en consacrant à la musique une heure chaque jour; — c'est avec une joie véritable qu'il parle de ces récréations dans ses lettres à ses parents et à ses amis, en leur envoyant des symphonies qu'il composait dans les moments dérobés aux affaires plus sérieuses.

Irrité de cette malheureuse disposition de son fils à suivre une voie contraire à ses vœux, le père l'embarqua sur un navire de la Compagnie des Indes orientales du port de Saint-Malo. Le jeune Dupleix fit alors, en Amérique et aux grandes Indes, plusieurs voyages qui contribuèrent à développer son amour des aventures. Il rentra en France porteur d'excellents certificats de ses officiers, riche de notions nouvelles, et avec un goût décidé pour les voyages en pays lointains. Son père, qui était un des directeurs de la Compagnie des Indes, le fit, en conséquence, entrer au service de cette entreprise, et, en 1720, le jeune Dupleix fut envoyé à Pondichéry en qualité de membre du conseil supérieur et de commissaire des guerres.

On aurait tort de supposer que ces titres ronflants lui valussent des émoluments splendides; les débuts de Dupleix dans la politique indienne furent des plus modestes. Une lettre de Dupleix le père charge, à ce propos, un ami de pourvoir son fils du trousseau nécessaire, lequel, en quantité et en qualité, était des plus chétifs. Avec une parcimonie caractéristique, le vieux financier, après avoir soigneusement spécifié le nombre exact d'articles à acheter, a grand soin de défendre à son ami de se laisser aller à des dépenses de linge fin pour les quelques chemises qu'il donne à son fils, pareille prodigalité étant tout à fait hors de saison à la mer. Étrange contraste que l'exiguïté positive de cet équipement au début d'une carrière qui permit un

jour à Dupleix de gagner honorablement des mil-
]ions et d'offrir vainement à son aveugle souverain
un magnifique empire!

Au moment du départ de Dupleix, la France
était au paroxysme de la fièvre de jeu qu'avaient
allumée en elle les combinaisons financières de Law.
Une compagnie qui s'appelait la Compagnie des
Indes orientales avait, dans son nom seul, quelque
chose de trop scintillant aux yeux du vulgaire pour
ne pas exciter la convoitise de l'audacieux Écossais.
En dépit de ses priviléges excessifs, la compagnie originaire, fondée par Louis XIV, était tombée si bas,
qu'elle s'était vue forcée de transférer son monopole
aux marchands de Saint-Malo, moyennant un droit
à prélever sur tous les articles importés. Toutefois,
à l'expiration de son privilége en 1714, la compagnie ne voulut pas se dissoudre, et le ministère,
enchanté de tenir une excuse pour ne pas avoir à
prendre un parti touchant la grave question de la
reconstitution du commerce de l'Inde, renouvela ses
statuts pour dix ans.

Le souffle magique de Law eut pour effet de relever la compagnie de son état de prostration pour
la faire briller tout à coup d'un éclat éblouissant. En
1719, une ordonnance royale réunit la Compagnie
du Mississipi à la Compagnie des Indes orientales
et à celle du Sénégal, créant ainsi une monstrueuse
association destinée à exercer sur le commerce

extérieur la même espèce de stimulant monopolisateur que la Banque royale, cette autre institution gigantesque, devait avoir à l'intérieur sur le marché des valeurs.

Quand, l'année d'après le départ de Dupleix, le système de Law croula, la Compagnie des Indes orientales résista à la débâcle et fut reconstituée sur un pied qui semblait devoir assurer son succès, le gouvernement lui ayant concédé le monopole des tabacs et des loteries en considération d'un prêt de neuf millions de livres qu'elle avait avancé au milieu des opérations de Law. Mais le commerce français avait contracté des habitudes de faux calculs qui faisaient de ses financiers des fermiers avides et de ses marchands des colporteurs avares. Avec ses vues étroites, le commerce, tout en se jetant avec avidité dans les spéculations à bénéfices immédiats, payait souvent la peine de sa cupidité en tombant dans des piéges grossiers, pour s'être laissé prendre à l'amorce trompeuse de profits usuraires.

Les établissements de la compagnie dans l'Inde étaient peu nombreux et dans l'état de désarroi qu'on peut attendre de toute propriété dont le maître marche depuis longtemps les coudes percés. C'étaient tous de simples factoreries, encore plusieurs n'étaient-elles que nominales. Le comptoir de Surate, autrefois l'entrepôt du commerce de l'Inde, avait été abandonné tout à fait, et un agent suffisait à toutes les affaires faites à Calicut, où l'on ne gardait de comptoir qu'à titre de dépôt pour Mahé, établissement très-languissant lui-même. Au Bengale, il y avait Chandernagor et quelques entrepôts, tandis qu'à l'embouchure du Coringa, l'une des branches du Godavery, un établissement duquel on avait d'abord attendu beaucoup, n'avait abouti qu'à des dépenses ruineuses. Enfin restait Pondichéry, residence du conseil suprême, et seul point de l'Inde où la compagnie eût fondé quelque chose d'un peu sérieux.

Cette ville avait été acquise du radjah Ram, souverain mahratte de Gingi, en retour de prêts faits à lui et à son frère Sambadji, fils du grand Sevadji, fondateur de la puissance mahratte. Le territoire dépendant de la ville n'avait que quelques milles d'étendue; une palissade composait toutes ses défenses. De fortifications la ville n'en avait guère; ses murs étaient en ruine et ses portes absentes : il n'existait pas même de fossés autour de cette capitale de la Compagnie des Indes.

Quelques années plus tard, pendant la grande invasion mahratte de 1740, le conseil représenta aux directeurs siégeant en France qu'il était fort regrettable que, pour une question de sordide économie, on laissât exposés à des dangers imminents des intérêts d'une pareille importance. La force armée au service de la compagnie se composait tout entière, à cette époque, de trois cent cinquante

Européens et de deux cent vingt métis, que les rapports appelaient « de misérables topasses ».

Avec un pareil état de choses, on comprend que le commissaire des guerres Dupleix avait du temps de reste. Aussi, doué comme il l'était de l'envie d'apprendre, il se mit à étudier les merveilles, pour lui nouvelles, du pays où il se trouvait, et aussi les intérêts de la compagnie. Le zèle du jeune homme lui attira l'attention et lui gagna la confiance du gouverneur Lenoir, vieux négociant plein de sagacité, qui avait passé sa vie dans l'Inde et dont il a été parlé plus haut.

Les observations de celui-ci firent comprendre immédiatement à Dupleix qu'en dehors du maigre trafic de la compagnie, lequel consistait dans l'achat annuel de quelques cargaisons, payées toujours avec les fonds que la compagnie expédiait d'Europe à cet effet, il restait encore un champ libre à d'excellentes entreprises dans le commerce de la côte et de l'intérieur, entreprises qui, bien que parfaitement permises aux employés de la compagnie agissant pour leur propre compte, n'avaient encore été ni tentées ni soupçonnées. Il vit là un remède à cette perpétuelle pénurie de numéraire, cause de tant d'embarras pour l'établissement français, alimenté seulement par des arrivages d'Europe aussi lents qu'incertains, toujours arriérés et extrêmement exigus.

Les fonctionnaires, rétribués mesquinement, étaient en général des hommes ruinés qui, sans cela, n'eussent jamais consenti à s'expatrier, et qui, par conséquent, n'ayant aucune fortune personnelle, ne pouvaient pas, dans un moment de presse, venir au secours du trésor public. Dupleix pensait que si la population européenne — que les mesures restrictives du monopole bornaient à cette catégorie d'employés — pouvait être remise à flot en tant que bien-être, cette amélioration tournerait aussi à l'avantage de la compagnie.

Le moyen d'atteindre ce but, selon lui, était que les Européens entreprissent de pourvoir aux besoins des indigènes sur les marchés jusque-là négligés de l'intérieur. D'accord avec ces principes, il tenta lui-même l'aventure, et cela avec tant de succès, que son clairvoyant père s'associa à lui dans ses spéculations. L'exemple fut promptement apprécié; si bien qu'en 1724, quand les directeurs donnèrent l'ordre d'envoyer en Chine un agent d'une habileté éprouvée, le conseil de Pondichéry choisit immédiatement Dupleix comme l'homme le plus propre à tenir cet emploi.

Peu de temps après, de leurs cabinets d'Europe, les directeurs décidèrent des changements notables dans le gouvernement de Pondichéry, détermination qui souleva, paraît-il, de grands mécontentements parmi leurs employés de l'Inde. Pour mettre fin à l'absence de discipline qui résulte nécessairement d'une administration tiraillée, Lenoir reçut le titre de gouverneur général, et les divers conseils de l'Inde furent placés sous ses ordres. Mais non content de cette réforme salutaire, le conseil des directeurs voulut aussi contrôler les matières de simple détail.

Composé en grande partie d'hommes qui avaient fait leur fortune et puisé leurs idées commerciales dans des affaires d'agiotage, ledit conseil apportait dans le gouvernement d'un monde étranger le même esprit de lésinerie. Avant tout, les directeurs étaient toujours tourmentés de la crainte que leurs employés ne les trompassent. On les eût dits atteints de l'idée fixe que leurs agents allaient les déposséder et, au besoin, entrer en révolte ouverte contre l'autorité de la mère patrie. Leurs instructions dénotent de leur part une intense jalousie de toute extension du pouvoir militaire. Une des maximes fondamentales de la politique de la compagnie, c'était que les hommes d'épée devaient toujours passer après les hommes de plume.

Cette susceptibilité de caractère fut la cause de dissensions qui amenèrent nombre de suspensions et de changements. Il est probable que c'est à ces malentendus que, le 28 septembre 1726, Dupleix dut d'être privé de son emploi par un ordre venu de France. Ce fait, dont on ne trouve nulle part de mention imprimée, se lit dans les minutes du conseil de Pondichéry à ce relatives, lesquelles minutes font partie des manuscrits de la collection Ariel. Un passage gratuit pour la France fut offert à Dupleix, qui le refusa et qui resta dans l'Inde, comptant sans doute voir le conseil des directeurs revenir sur la décision prise contre lui, ce qui fut en effet le cas le 30 septembre 1730.

Il résulte clairement des faits postérieurs que les directeurs reconnurent qu'ils avaient commis une injustice exigeant réparation; car lorsque Dupleix se crut lésé par l'ordonnance de Lenoir, qui donnait le gouvernement de Chandernagor à un fonctionnaire d'un grade inférieur au sien, les directeurs de Paris firent droit à la réclamation de Dupleix et lui conférèrent l'emploi en question.

C'est à Chandernagor que Dupleix établit sa réputation d'habileté et de capacité supérieures. En y arrivant, il trouva que ses fonctions n'exigeaient rien moins de lui, pour nous servir de ses expressions, que « le rétablissement d'une colonie manquant de tout, et d'où l'indolence, le relâchement de discipline et la pauvreté avaient à jamais banni le commerce ». La situation misérable de la factorerie et de ses employés affamés était plus misérable encore que de coutume, par suite des convulsions politiques dont le Bengale était alors le théâtre.

Avec l'énergie de son caractère et les avantages

d'une fortune considérable que son père venait de
lui laisser en mourant, Dupleix s'appliqua à remédier à ce pénible état de choses. Il commença immédiatement à étendre sur ce point les entreprises
particulières qui lui avaient si bien réussi à Pondichéry. Quand son exemple eut donné l'impulsion à
ses subordonnés, il vint généreusement en aide à
ceux dont les moyens étaient exigus, et il les associa
à ses affaires.

Grâce à cette intelligente coopération, Chandernagor, d'une ruine oubliée, devint rapidement un
comptoir florissant. A la fin de 1734, Dupleix avait
sur les mers une douzaine de navires à lui et à ses
associés. Tous les marchés de l'Inde éveillèrent l'attention de son esprit entreprenant. Ses bâtiments
visitèrent de nouveau le port délaissé de Surate,
portèrent des cargaisons au fond de la mer Rouge,
à Djeddah et à Moka, ranimèrent le commerce jadis
actif de Bassora, et pénétrèrent même dans les ports
gardés de la Chine. Pendant les dix années du gouvernement de Dupleix, plus de dix mille maisons
de briques furent bâties à Chandernagor, et cette
factorerie, qu'il avait trouvée tombée au point de
n'avoir pas même un bateau, employait, quand il
la quitta, quatorze navires.

Des résultats si brillants lui valurent nécessairement de la part de ses supérieurs une approbation
sans réserve. Ceux-ci, on le conçoit, étaient en-

chantés d'un fonctionnaire qui non-seulement leur procurait de riches profits d'un point autrefois stérile, mais qui encore était toujours prêt à leur épargner des ennuis et des embarras en leur faisant libéralement d'amples avances quand le trésor de la colonie n'était pas en fonds. Ces services sont très-explicitement reconnus par les directeurs dans leurs dépêches, et par Ory, le contrôleur général des finances, qui, le 20 octobre 1735, écrit à Dupleix pour lui exprimer l'espoir de le voir agir toujours comme il l'a fait, chaque fois que la compagnie ne serait pas en mesure de fournir sur l'heure tout ce dont il était besoin.

Il est bon de faire remarquer que la fortune de plusieurs millions que Dupleix avait gagnée au Bengale avait été acquise au grand jour, dans des opérations commerciales parfaitement légitimes, opérations dont il avait toujours rendu en France le compte le plus détaillé, et que plus tard, quand la plus détestable calomnie s'acharna à sa perte, il ne s'éleva pas une voix pour accuser Dupleix de corruption ou de péculat. Dans la masse de récriminations élevées contre lui, on ne trouve qu'une seule insinuation tendant à donner à sa fortune une origine louche, et cette insinuation fut réfutée d'une manière triomphante.

En dépit de ses succès immenses, Dupleix n'en eut pas moins, pendant l'exercice de sa charge, à passer par certains incidents d'une nature peu agréable. Le conseil de Pondichéry, prétendant exercer sur celui de Chandernagor une autorité à peu près aussi absolue que le conseil des directeurs d'Europe, les deux premiers de ces corps entrèrent dans un conflit qui suspendit entre eux toute relation en dehors des choses indispensables, et en appelèrent mutuellement au conseil suprême de Paris. Godeheu, membre du conseil de Chandernagor, fut chargé par Dupleix du soin d'expliquer la position. Dupleix avait une grande affection pour ce jeune homme, destiné à reparaître plus tard sous un si triste jour, comme acteur principal, dans la seconde partie de sa carrière. Pendant dix-huit mois Godeheu avait vécu avec lui sur le pied de membre de sa famille, et l'attachement de Dupleix s'était encore accru à l'occasion d'un heureux hasard qui lui avait permis de sauver la vie à son jeune commensal. Celui-ci, sur le point de s'embarquer sur le navire *la Duchesse*, en avait été détourné par Dupleix; — or, pendant sa traversée, *la Duchesse* sombra, et il n'y eut pas un être de sauvé.

Godeheu remplit avec succès les instructions de Dupleix, et les directeurs approuvèrent la conduite de celui-ci en le nommant, au commencement de 1742, gouverneur général, le plus haut titre qu'ils pussent lui conférer.

III

Au mois d'avril de l'année précédente, Dupleix avait épousé la veuve d'un M. Vincent, l'un des conseillers de la compagnie. Les écrivains du temps ont beaucoup parlé de cette dame, qu'ils représentent comme dévorée de la passion de l'intrigue et d'un amour désordonné pour le faste. Elle était née dans les Indes et y avait été élevée. Son père, un Français du nom d'Albert, avait passé sa vie dans ce pays, et était entré, par son mariage, dans la maison de Castro, famille portugaise qui, depuis plusieurs générations, occupait une grande position dans ces possessions lointaines. L'enfant née de cette union n'eut rien de cet abâtardissement maladif, si généralement constaté chez les enfants des colons européens qu'on ne soustrait pas au climat de l'Inde. Madame Dupleix était une femme d'un caractère supérieur, douée de la plus complète abnégation d'elle-même, et qui se montra aussi empressée à partager la mauvaise fortune de son mari qu'elle s'était montrée heureuse et fière de ses succès. A la grâce, aux charmes fascinateurs de l'Indienne, elle joignait les plus hautes qualités de l'intelligence et du cœur. Possédant à fond les dialectes de l'Inde, elle mettait son bonheur à rendre à son mari, dans les moments critiques de ses relations avec les princes indiens, de ces services tout de confiance dont personne autre ne pouvait mieux s'acquitter qu'elle. Et c'est à ce dévouement à la politique de son mari, autant qu'à son type indien et à son amour oriental du faste, qu'elle dut son surnom populaire de la « bégoum Jeanne ».

L'époque de la nomination de Dupleix coïncida avec des événements d'une importance capitale pour les destinées de la fortune européenne dans l'Inde. Les régions de la côte de Coromandel étaient en proie à une indicible misère. Pendant plus d'un an, le Karnatic avait été le théâtre des sanguinaires expéditions d'une invasion mahratte qui avait pillé et désolé le pays jusqu'aux portes mêmes de Pondichéry. Le mal n'avait atteint dans Chandernagor qu'un comptoir lointain ; mais, à Pondichéry, c'était l'existence même de la compagnie qui se trouvait menacée. Jusqu'alors le commerce étranger avait eu affaire à un gouvernement plein d'une arrogance tout asiatique et ne demandant pas mieux que d'imposer des humiliations, mais assez puissant cependant pour garantir les priviléges qu'il lui plaisait d'accorder. Maintenant, ce gouvernement tombait devant une irrésistible licence qui sapait tout l'édifice de l'empire mongol et qui, si elle n'était arrêtée d'une manière ou d'une autre, obligerait nécessairement les comptoirs à se fermer.

Cette situation critique était d'autant plus grave que, juste à mesure que disparaissait tout gouvernement indigène, les besoins des compagnies européennes, française et anglaise, s'étaient accrus par suite de la concurrence qu'elles se faisaient réciproquement et des agrandissements qui, de part et d'autre, en avaient été la conséquence. Alors que les établissements européens dans l'Inde se bornaient à de simples comptoirs, le commerce indien fournissait amplement aux profits des deux nations. Mais, depuis que Pondichéry, Madras et Saint-David's étaient devenus des places fortes avec un corps de fonctionnaires qui avait les proportions dispendieuses d'un gouvernement territorial, ces villes avaient les charges d'un État sans en avoir les revenus.

Le Karnatic n'était pas assez vaste pour que la concurrence que s'y faisaient les Anglais et les Français n'amenât pas de continuelles collisions. De leurs factoreries respectives, les concurrents pouvaient en quelque sorte se voir. Les ouvriers tisseurs de l'un pouvaient être perfidement encouragés par l'autre à lui livrer l'étoffe tissée avec l'argent du rival, et chacun s'arrangeait de son côté pour pousser traîtreusement les petits souverains du pays à ruiner l'autre par l'extorsion soudaine de taxes écrasantes.

Une pareille situation et un pareil esprit de part et
d'autre n'admettaient pas de compromis possible,
et le commerce de l'Inde, dans ces circonstances,
ne pouvant pas répondre à la fois aux exigences
croissantes des deux rivaux, une lutte désespérée
était inévitable, avec la conséquence absolue de
l'empire pour le vainqueur et de la ruine pour le
vaincu.

Les trafiquants européens en vinrent ainsi à se
trouver parties intéressées, et intéressées d'une
manière vitale, dans la politique de l'Inde. Les ré-
volutions, qui ébranlaient le trône chancelant de
l'empereur de Delhi, étaient suivies par eux d'un
œil inquiet, quant à leurs conséquences possibles
sur son subordonné, le soubahdar du Décan.

Cette dignité de soubahdar, l'une des plus hautes
de l'empire mongol, appartenait alors au fameux
Nizam-oul-Moulk ou el-Molouk. Éminemment doué
des qualités de fourberie que la politique asiatique sait mettre en œuvre, infatigable à tramer
des complots qu'il poursuivait avec la ténacité de
l'astuce orientale, ce prince s'était créé dans l'Inde
méridionale une puissance illimitée, et qui eût été
absolue sans le levain d'indépendance qui, dans
les temps de troubles, fermentait chez ses vassaux.
C'est ainsi que le nabab d'Arcot, d'abord gouverneur du Karnatic, s'était arrangé de manière à s'é-
riger en souverain dans son voisinage. Toutefois,

le puissant Nizam eût eu facilement raison de ses subordonnés indisciplinés, s'il n'avait dû concentrer tout à coup toutes ses forces contre un nouvel et plus redoutable ennemi, les Mahrattes.

L'apparition de ce peuple guerrier sur la scène politique de l'Inde au moment même de la décadence mongole est un des plus importants événements de l'histoire de ce pays. De taille peu élevée, nerveux et agiles, incroyablement sobres, audacieux jusqu'à la témérité, affranchis de toute espèce de scrupules et ayant tous les instincts de l'oiseau de proie, ces Hindous offraient le type le plus complet et le plus redoutable du maraudeur. Pour le Mahratte, la gloire et l'honneur étaient sans attraits, mais le pillage était sa passion, et il s'y livrait avec une audace qui touchait à l'héroïsme. Montés sur de rapides petits chevaux aussi rudes, aussi hardis que leurs cavaliers, ces flibustiers hindous fondaient comme un tourbillon sur les riches plaines soumises au sceptre mahométan, enlevaient le butin, et laissaient derrière eux des villages incendiés, des champs dévastés et des traces de meurtre, comme autant de poteaux indicateurs chargés d'enseigner à l'encombrante multitude de l'armée mongole le chemin qu'ils avaient suivi.

Les territoires du nord avaient seuls d'abord été exposés à leurs incursions, mais il ne se passa pas longtemps avant que le cœur même de l'empire

devînt le théâtre de leurs exploits, et des années
avant que Nadir-Chah eût traîné la couronne mongole dans les ruisseaux de Delhi mis à sac, les empereurs avaient plus d'une fois été éveillés dans le
fond de leurs palais au terrible bruit des timbales
mahrattes battant la charge dans les faubourgs
mêmes de la capitale.

De ces audacieuses incursions d'hommes qui n'é-
taient dans l'origine que de simples chefs de bandes,
naquirent dans l'Inde une série de principautés as-
sociées depuis à des exploits dont les Anglais gar-
deront longtemps la mémoire.

C'est ainsi que Holkar, tout d'abord simple ber-
ger des bords du Nira, prit le commandement d'une
bande de pillards de ses pareils, qui prit bientôt les
proportions d'une armée à la tête de laquelle il devint un puissant prince; c'est ainsi que Sindhyah, un
Mahratte de noble extraction, mais tellement ruiné
qu'il lui avait fallu pour vivre se faire serviteur, finit par restaurer, et au delà, l'ancien lustre de sa
maison par la valeur de son épée; c'est ainsi que le
Guicowar, qui jouit encore des dehors d'une royauté
nominale, réussit à s'emparer du district de Guzzerate; et ce fut conformément à ce même instinct que,
en 1740, Ragodji-Bonsla s'était jeté sur le Karnatic.
Le nabab de ce pays, à la tête d'une timide armée
de recrues levées à la hâte, tenta imprudemment
d'arrêter les envahisseurs en rase campagne; il fut

défait et tué. Son fils, Sufder-Ali-Khan, essaya humblement d'acheter leur retraite, et déjà la province se réjouissait à la nouvelle que les Mahrattes se retiraient, quand ces terribles bandes, en dépit de la foi jurée, retournèrent traîtreusement sur leurs pas et se répandirent autour de Tritchinapali et des établissements européens.

A la consternation qui s'empara des habitants, on eût dit que l'ange de la mort venait de leur apparaître. Les villageois s'enfuirent de leurs demeures, les pauvres tisserands abandonnèrent leurs métiers, le seul bien qu'ils possédassent au monde. Les récoltes des champs furent foulées aux pieds des chevaux de ces hordes barbares, en même temps que les greniers furent pillés et leurs réserves semées au vent. Si effroyables furent les souffrances du Karnatic que, suivant les rapports officiels, il était de commune occurrence de rencontrer le long des haies des cadavres de malheureux morts de faim. Le conseil de Pondichéry écrit que, dans beaucoup de ses marchés, il n'était pas possible de se procurer une seule pièce d'étoffe de soie, les villages étant complétement déserts et la terreur des Mahrattes si grande, que la vue d'un cavalier mettait en fuite des milliers d'indigènes.

Déjà, à la première nouvelle de l'irruption, Sufder-Ali-Kan, en proie à une vive alarme, avait, nous l'avons vu, sollicité à Pondichéry, pour sa femme et

TRITCHINAPALI

ses enfants, un refuge, qu'après délibération on lui avait accordé. La même faveur était maintenant octroyée à la famille de Chunda-Sahib, beau-frère de Sufder-Ali et l'un des nombreux chefs indigènes qui avait fini par s'attribuer une autorité indépendante et qui, dans sa citadelle de Tritchinapali, osait défier, avec une énergie rare chez ses compatriotes, la fureur des Mahrattes.

Dans une lettre dont l'insolence prouve l'incroyable hauteur avec laquelle les Mahrattes s'imaginaient pouvoir traiter toutes les puissances auxquelles ils avaient à s'adresser, Ragodji-Bonsla somma le gouverneur français Dumas de lui livrer immédiatement les fugitifs, et lui reprochant le manque d'égards dont celui-ci s'était rendu coupable en ne l'envoyant pas complimenter à son arrivée dans le pays, il le menaça de venir lever lui-même de vive force le tribut qu'il prétendait dû au grand radja, si ce tribut n'était payé sur-le-champ.

Malgré le triste état des défenses qui protégeaient Pondichéry, Dumas résolut de tenir parole à ses protégés ; ce qu'en effet il fit, nous le savons. Il répondit aux menaces de Ragodji qu'il voulait rester en bons termes avec les Mahrattes, mais qu'il ne fallait pas que ceux-ci songeassent à lui demander un tribut. Son pays, écrivait-il, n'avait ni mines d'or ni mines d'argent, et ne possédait que du fer pour se défendre des agressions. La collection Ariel contient la traduction de l'arrogante et caractéristique réponse du chef mahratte à cette déclaration catégorique. Faisant allusion au refus de Dumas de payer le tribut, il écrit : « Cela est fort bien dit, mais rappelez-vous que nous avons avec nous des marteaux et autres outils pour battre le fer dont vous parlez, et qu'il ne nous faut pas plus d'une demi-heure pour l'appliquer à l'usage que nous lui destinons. Quant à vos soldats, sachez que toute cette terre appartient aux Indiens. Leur courage ne vous sera d'aucune utilité, et votre langage eût été plus sensé si vous étiez chez vous. Il y a longtemps que nous faisons payer tribut aux Européens. Bassein, une grande ville que vous connaissez, a refusé, elle aussi, de payer ; or vous savez parfaitement quel sort lui a été fait. »

Les envoyés mahrattes porteurs de ce message menaçant furent néanmoins visiblement frappés du calme intrépide de Dumas quand le brave gouverneur déclara que Pondichéry ne tomberait aux mains des Mahrattes que quand le dernier Français aurait été tué.

La colonie heureusement échappa au danger de cette terrible épreuve ; car, en avril 1741, quand Ragodji-Bonsla se fut enfin emparé de Tritchinapali, il se vit rappelé par les événements dans son pays, où sa présence devenait nécessaire. En conséquence, il quitta le Karnatic, et, laissant une garnison dans la forteresse, il emmena avec lui Chunda-Sahib prisonnier.

Ce fut précisément en ce moment critique que Dupleix arriva à Pondichéry pour prendre le gouvernement de la malheureuse colonie. Ici, nous reprenons les événements au point où nous les avons laissés lors de la retraite de Dumas du poste de gouverneur général.

De quelque côté que le nouveau gouverneur portât ses regards, rien n'apparaissait qui eût pu donner à un homme ordinaire confiance et espoir dans l'avenir. Le danger immédiat d'une invasion mahratte était sans doute écarté, mais ce n'avait été que pour faire place à une anarchie dix fois plus grande dans le pays évacué. Au milieu des vicissitudes du conflit, Sufder-Ali-Khan avait été assassiné, et le rusé Nizam-oul-Moulk s'était arrangé de manière à installer à sa place, comme son successeur dans le gouvernement du Karnatic, Anouarouddin ou Anouar-oud-din, une de ses créatures à lui le Nizam. L'autorité d'Anouarouddin, toutefois, n'était guère que nominale en présence d'une légion de petits seigneurs qu'il n'était plus possible de faire rentrer sous le joug de la suzeraineté mongole, alors que dans les districts du sud la chute de Chunda-Sahib avait entraîné la ruine du seul pouvoir qui avait maintenu dans le pays une espèce d'ordre.

Évidemment chaque chose, dans l'Inde, s'en allait en lambeaux, tandis que, comme surcroît d'embarras, les difficultés de la position de Dupleix étaient encore aggravées par suite du stupide mauvais vouloir des hommes qui, en Europe, dirigeaient les affaires de la compagnie, et qui étaient incapables de comprendre la grandeur de ses vues. Néanmoins, en présence de circonstances si décourageantes, Dupleix ne perdit jamais confiance et n'eut pas une minute d'hésitation. Au jour de son arrivée au milieu de ces scènes de désastres, soutenu de sa seule conviction, il mit à l'œuvre son gigantesque plan de salut général et de conquêtesn ouvelles.

Dupleix arrivait muni de pouvoirs supérieurs à ceux d'aucun de ses prédécesseurs. Il était expressément dispensé d'en référer aux avis de son conseil. Des instructions privées limitaient cependant d'une manière formelle l'étendue de ses prérogatives en apparence absolues. Malgré les abondantes sources de richesses assurées à la compagnie par son dernier privilége, une administration inintelligente avait remis les choses dans une situation financière à peu près aussi déplorable que celle de la plupart des institutions françaises de cette époque. Ce n'était qu'avec difficulté que les fonds pouvaient être faits pour les besoins les plus indispensables. A un moment où de grandes dépenses étaient absolument nécessaires, Dupleix ne se trouvait dictateur que de nom, un dictateur sans les moyens d'exécution, au-

quel on demandait d'affranchir la compagnie de
tous frais, et de relever — sans doute par miracle
— l'établissement croulant de Pondichéry. Malgré
l'expérience qu'on venait d'acquérir du danger per-
manent d'une invasion mahratte et les appréhensions
d'une guerre entre la France et l'Angleterre, les marchands aux faibles cœurs qui composaient le conseil des directeurs refusaient de sanctionner la réparation de ces défenses, dont l'état délabré mettait
les principaux comptoirs à la merci du premier as-
saillant venu.

Sur ce chapitre, Dupleix laissa hardiment de côté
les sottes instructions de ces messieurs. Avançant
de sa bourse l'argent nécessaire, non-seulement il
répara les anciens remparts, mais encore il construisit de nouveaux ouvrages dans la direction de
la mer, face qui jusque-là était restée complétement
ouverte.

A tous autres égards, Dupleix fit de son mieux pour
se conformer strictement à ses instructions. Il sentait
qu'il fallait d'énergiques réformes parmi les employés de la compagnie, trop généralement atteints
de scandaleuse corruption ! Peu d'années auparavant, un gouverneur général même avait été convaincu de malversations évidentes. Avec une admirable fermeté et une continuelle vigilance unies à
une urbanité exquise et à un sentiment profond des
égards dus à autrui, Dupleix parvint à réformer de

nombreux abus, à envoyer en Europe des convois plus considérables qu'à aucune autre époque, et à se concilier tous ceux de ses subordonnés qui n'avaient pas de raison particulière pour regretter le beau temps de la corruption organisée.

A moins d'avoir lu les immenses dossiers de la correspondance officielle de la compagnie, on ne saurait se faire l'idée des difficultés de toute nature contre lesquelles cet esprit supérieur et énergique eut à lutter seul pendant des années. Pareille lutte n'était possible qu'avec un ardent patriotisme et les ressources d'une fortune princière toujours au service de la communauté, — car l'état général de la caisse de la compagnie ne pouvait suffire qu'à la moitié des dépenses de l'année.

En même temps qu'avec une louable persévérance il accomplissait des tâches éminemment ennuyeuses et fatigantes, Dupleix posait sans bruit les fondations du splendide édifice politique que sa vaste intelligence avait conçu.

C'est à l'époque même où mille embarras pesaient sur lui que Dupleix trouva le moyen de frapper et d'éblouir les princes voisins à un degré qui lui conquit sur eux une influence qu'aucun Européen n'avait eue jusque-là, et qui le mit en mesure de donner à sa patrie, dans l'Inde, une position à la hauteur de laquelle le gouvernement dissolu de la France d'alors ne sut pas se maintenir. Pendant un

moment, il est vrai, un esprit plus viril semblait
sur le point d'inspirer la compagnie. Dumas, Lenoir
et quelques autres vieux Indiens pratiques de la
même trempe, qui connaissaient le pays et Dupleix,
étaient retournés en France et étaient entrés dans
le conseil des directeurs. Ces hommes, dans tous
les cas, appréciant ses plans, avaient fini par l'encourager par des approbations officielles.

En 1746, les directeurs montrèrent l'estime dans
laquelle ils tenaient les mérites de Dupleix, en lui
obtenant un ordre de chevalerie et des lettres de noblesse, honneurs rarement conférés, à cette époque,
à des individus dans sa position. Dans le mémoire
qui le recommandait à la bienveillance royale, il
était dit particulièrement que Dupleix, dans le moment même, « soutenait la compagnie de son crédit
et des ressources de sa fortune privée et de celle de
ses amis ». Mais c'est à l'obtention de ces honneurs
stériles que semblent s'être bornés les démarches et
les actes de ses amis et approbateurs. Un ruban, un
titre et quelques paroles flatteuses, c'est tout ce qui
vint de France aider Dupleix dans son œuvre, laquelle, suffisamment formidable et embarrassante
déjà, commençait à se compliquer d'une façon écrasante.

En octobre 1744, les colons de Pondichéry apprirent la déclaration de guerre entre l'Angleterre
et la France, événement dont les directeurs, depuis

quelque temps déjà, envisageaient avec terreur la possibilité. Comme la nouvelle, toutefois, arriva d'abord par voie anglaise à Madras, les autorités françaises refusèrent d'y croire en l'absence de toute communication officielle de leur gouvernement. Les convois qui venaient annuellement d'Europe étaient alors, comme d'ordinaire, en retard.

Ce fut désormais avec une anxiété croissante que les vigies de Pondichéry interrogèrent le large. Les jours et les mois se succédèrent cependant sans que les colons français reçussent des nouvelles de France. Le fait que la mère patrie les abandonnait leur apparaissait dans toute sa brutalité; ils allaient avoir à se tirer d'affaire comme ils pourraient contre un ennemi pourvu de tout ce qui leur faisait défaut.

Dans ce moment de suprême importance, les sordides boutiquiers qui composaient le conseil des directeurs n'eurent pas honte d'aimer mieux risquer la perte de leurs colonies et de tous leurs employés de l'Inde que de tenter de les mettre en garde contre le danger, en leur dépêchant un navire, avec la chance de le voir capturer en route. Il serait difficile de trouver l'analogue de semblable lésinerie jointe à pareille étroitesse de vue; elle nous est un moyen de comparer le caractère princier de Dupleix et la sordide nature des hommes qu'il servait. Privé de toute communication avec

l'Europe, sevré de tout renseignement autre que
de vagues rumeurs, s'attendant à voir apparaître
d'un moment à l'autre une escadre ennemie qu'il
n'avait aucun moyen de repousser, avec une mer
couverte de croiseurs capturant jusqu'au dernier
tout navire sous pavillon français, et le commerce
de la France ignominieusement chassé de tous les
marchés de l'Inde, Dupleix, dans ce moment désespéré, se montra tout ce qu'il était : un génie de
premier ordre.

Certes il n'a pas manqué, à toutes les époques,
de Français doués de la plus brillante fougue ; mais
peu ont possédé l'inébranlable fermeté d'âme de
Dupleix dans l'adversité. Avec un sang-froid admirable et une inaltérable égalité d'humeur, non-
seulement il soutint le moral de ses compatriotes,
mais encore il réussit à faire ce dont, il le comprenait, dépendait le salut commun : à maintenir dans
le devoir les dispositions hésitantes des indigènes.

N'ignorant pas qu'il lui était impossible de tenir
une heure contre les forces anglaises, s'il était
attaqué, il conçut l'idée de faire servir à sa protection le respect traditionnel entretenu par la population pour la majesté mongole. Flattant adroitement
l'orgueil du nabab, et recueillant les fruits d'anciennes relations conduites avec une diplomatie consommée, Dupleix amena ce prince à menacer les
Anglais du sac immédiat de Madras, s'ils se hasar-

daient à molester les Français établis sur son territoire. A cette époque, les immenses multitudes qui
composaient une armée asiatique étaient encore
formidables aux yeux des Européens. Le conseil de
Madras, tout aussi boutiquier d'esprit que les directeurs français, trembla pour ses intérêts, et en
conséquence dissuada les commandants des forces
navales anglaises de donner suite aux opérations
qu'ils avaient en vue. Ainsi, entravé dans sa marche
agressive, l'amiral anglais Burnet resta inactif assez
longtemps pour permettre à La Bourdonnais d'arriver avec une flotte créée de toutes pièces et aux
prix de difficultés énormes, dans l'île de France.

Toutefois, si Pondichéry fut sauvé, ce ne fut pas
sans qu'il en coûtât au prestige européen. L'appel
à l'assistance mongole avait révélé aux Indiens la
faiblesse des Français, et les petits foujdars du
voisinage, qui auparavant s'inclinaient devant le
fastueux gouverneur de Pondichéry, montraient
maintenant l'insolence de subalternes parvenus,
depuis qu'ils le croyaient comme eux dépendant
du bon vouloir du Grand Mogol.

Ce fut avec des sentiments non déguisés de joie
et de reconnaissance que Dupleix reçut enfin la
nouvelle, depuis si longtemps attendue, que le pavillon français s'était montré au large et qu'une escadre arrivait sous le commandement de Mahé de
La Bourdonnais, officier qui, certainement, mérite

un rang distingué parmi les illustrations de la marine française, mais dont le caractère n'était malheureusement pas au niveau de ses autres qualités.

IV

Ici, nous touchons à une phase de l'histoire bien faite pour surprendre bon nombre de lecteurs. Arrivés à ce point, il faut que ceux-ci se résignent non-seulement à modifier leurs opinions particulières, mais encore à intervertir absolument tout ce qu'on leur a dit jusqu'à présent de croire au sujet des deux Français qui ont joué les principaux rôles dans les événements ultérieurs. Il ne suffit pas seulement d'exalter un caractère accusé jusqu'ici d'absence complète de principes, il faut se résoudre à flétrir comme entaché de corruption et de fourberie un homme considéré jusqu'à présent comme le type de l'honneur aux prises avec la duplicité d'un collègue sans foi. Quelque paradoxal que puisse sembler un pareil renversement d'opinions, on verra qu'il est de toute justice et ressort des faits mêmes.

Aussi bien ferons-nous ici, avant d'entrer plus avant dans le domaine des faits qui nous occupent immédiatement, de jeter un coup d'œil rétrospectif sur les antécédents du personnage qui eut un rôle si important dans la lutte de Dupleix contre la puissance britannique. Nous les empruntons au livre du major Malleson.

Bertrand-François Mahé de La Bourdonnais naquit à Saint-Malo en 1699. A peine âgé de dix ans, il fit à bord d'un navire marchand un voyage dans les mers du Sud. En 1713, il reprit la mer pour aller aux Indes orientales, et de là aux îles Philippines. Pendant ce voyage, un passager jésuite lui apprit les mathématiques. En 1716 et 1717, il fit un troisième voyage dans les mers du Nord, et l'année suivante un quatrième aux échelles du Levant. A vingt ans il entra comme lieutenant en second au service de la Compagnie des Indes et se rendit à Surate. En 1722, il passa lieutenant en premier et partit pour la troisième fois aux Indes avec ce grade. C'est pendant les loisirs de cette traversée qu'il écrivit son *Traité de la mâture des vaisseaux*.

A son retour des Indes, il eut l'occasion de montrer les qualités d'homme d'action et de ressources qu'il était. Son navire, *le Bourbon*, en proie à de graves avaries, se trouvait en détresse et manquant de tout au large de l'île Bourbon. Pas de bâtiment en vue, aucune assistance à attendre de l'île. Dans cette extrémité, La Bourdonnais, prenant une des embarcations du navire, gagna

l'île de France ; il fut assez heureux pour en ramener un bâtiment qui sauva *le Bourbon* d'une perte
certaine.

A peine revenu en France, La Bourdonnais reçut,
avec le grade de capitaine commandant une frégate,
l'ordre de retourner aux Indes. Notons que pendant ses navigations diverses, le jeune officier avait
étudié avec ardeur toutes les connaissances se ratta-
chant à son métier de marin, et que, sous l'habile
direction de M. Didier, ingénieur de la marine
royale, il était devenu lui-même fort habile dans
l'art des constructions navales.

En arrivant à Pondichéry, La Bourdonnais fut
attaché à l'escadre de M. de Pardaillan au moment
où celle-ci allait attaquer la ville de Mahé, et ce fut
à l'habileté des plans d'attaque de La Bourdonnais
qu'on dut surtout la conquête de cette place. Ce fut,
d'un autre côté, en reconnaissance des éminents
services, en cette circonstance, du jeune et brillant
officier, que M. de Pardaillan transforma le nom indien Maihi ou Mahi de la ville en question, en celui
de Mahé, nom patronymique de La Bourdonnais, et
qu'elle a toujours porté depuis lors.

Plus tard, cherchant toujours les occasions de se
distinguer, La Bourdonnais passa au service du
vice-roi portugais de Goa et reçut le commandement d'une expédition dirigée contre Mombaze ;
mais deux ans après, diverses tracasseries le déci-

dèrent à donner sa démission. Il revint en France et s'y maria en 1733. L'année suivante, il fut nommé directeur général des îles de France et de Bourbon, pour la Compagnie des Indes.

La Bourdonnais gouvernait depuis plusieurs années avec un grand succès ces établissements à l'époque où Dupleix, enfermé dans Pondichéry, se trouvait naturellement à la merci des forces anglaises, si celles-ci avaient eu le simple sens commun de paraître.

Dès les premières menaces de guerre, La Bourdonnais s'était, avec toute la vigueur qui lui était propre, mis en mesure d'agir dès que viendrait la déclaration des hostilités. Quelle fut son humiliation quand arriva de la mère patrie l'ordre impérieux de renvoyer en France tous les navires de la colonie, « alors même qu'ils auraient à revenir à vide », ordre qui le privait de tout moyen d'action ! Le système de l'administration française était devenu si incroyablement relâché, que les directeurs de la compagnie avaient pu, sans que la mesure eût été au préalable dûment pesée par les ministres du roi, donner un ordre qui affectait ainsi d'une manière vitale les intérêts généraux de la nation.

A peine les bâtiments avaient-ils quitté l'île, que survint, trop tard toutefois pour arrêter le mal, un message du ministre Ory qui, chose assez caractéristique, exprimait l'espoir que La Bourdonnais au-

rait pris sur lui de désobéir aux instructions en-
voyées par ses chefs.

L'infatigable et intelligente énergie qu'avait déployée La Bourdonnais à réparer la perte qu'entraî-
nait le départ des navires mérite les plus grands
éloges. Le succès de ses efforts fut en grande partie
dû à l'assistance que Dupleix, malgré ses propres
besoins, trouva moyen de lui prêter. Les retards
inévitables avaient néanmoins changé la face des évè-
nements. Au lieu de sillonner l'océan Indien, comme
il aurait pu le faire, sans y trouver, pendant quelque
temps, d'antagonistes, il avait maintenant à prendre la
mer sur des vaisseaux insuffisants et à moitié armés,
et cela en présence de forces anglaises supérieures.
Dans une lettre à La Bourdonnais, datée du 23 avril
1746, et écrite au reçu de la nouvelle de l'arrivée
de celui-ci sur la côte, Dupleix exprime, dans un
langage où se reflètent les sentiments de piété vraie
et de désintéressement de sa nature, toute la légitime satisfaction dont son cœur est plein. La Bourdonnais, écrit-il, apprendra à Mahé tous les malheurs qui l'ont accablé, lui Dupleix; mais la Providence ne l'a point abandonné, et en dépit de
l'abandon dans lequel l'a laissé l'Europe, il a eu la
satisfaction de mettre Pondichéry à l'abri de toute
insulte, de répondre à toutes les demandes de La
Bourdonnais, d'augmenter considérablement la garnison de la ville, et de soutenir tous les comptoirs

français de l'Inde. L'espérance ne l'a jamais quitté, et il espère encore que, grâce à Dieu et au concours de La Bourdonnais, la nation sera bientôt dans une situation tout autre que celle où lui-même s'est trouvé depuis dix-huit mois. La Bourdonnais, ajoute-t-il, peut compter sur toute assistance de sa part. L'honneur du succès appartiendra à l'amiral, et il se tiendra pour satisfait, lui, d'y contribuer par des moyens qui devront toute leur valeur à La Bourdonnais.

Cette cordialité ne dura pas longtemps. La Bourdonnais, à l'inverse de Dupleix, a gagné une réputation sans tache qui est bien au-dessus de ses mérites. Sa mémoire a eu l'heureuse chance d'être immortalisée par l'éloquence du roman sentimental de Bernardin de Saint-Pierre, et d'être entourée d'une auréole de bienfaiteur et de victime. Dans son autocratique commandement de l'île de France, où la nature, vierge encore, offrait à son indomptable et intelligente énergie le champ dont elle avait besoin, La Bourdonnais obtint des résultats vraiment brillants. Mais, pour les rapports complexes de la vie civilisée avec des hommes qui étaient ses égaux, il était trop l'esclave de son entêtement et de son égoïsme. L'irascibilité de son caractère débordait à chaque instant dans des vulgarités de langage dignes du dernier des matelots, en même temps que de sordides motifs étaient les stimulants principaux de son esprit d'entreprise, remarquablement actif et pénétrant. D'autre part, la même disposition heureuse à tirer le meilleur parti possible des éléments les plus maigres — don qui lui permit de faire comme gouverneur tant de choses merveilleuses, — lui servait, dans la controverse, à grouper les faits avec un art qui en faisait des chefs-d'œuvre d'argumentation.

Son énergie, sa résolution extraordinaire ne font de doute pour personne. Les vaisseaux mêmes qu'au moment venu il amena sur la côte de l'Inde témoignent de son infatigable ardeur, car sans autres ressources que celles que son esprit fécond sut inventer dans l'état d'isolement où se trouvait l'île de France, l'indomptable marin avait entièrement créé par lui-même l'escadre qu'il conduisit au secours de Dupleix. Les difficultés qu'il avait dû surmonter étaient d'autant plus effrayantes que les autorités de la mère patrie l'avaient laissé dans un absolu dénûment. Il résolut de suppléer à ce qui lui manquait. « Tour à tour charpentier, mécanicien, tisserand, forgeron, il construisit lui-même de ses propres mains le modèle de tous les objets dont il avait besoin. Sous sa direction personnelle, des hommes furent formés à découper et à préparer les voiles ; d'autres construisirent des affûts de canons et mirent les bâtiments en état de les recevoir. Ceux-ci préparèrent les matériaux pour la construction

des navires; ceux-là les assemblèrent. Les matelots
furent exercés à toutes les manœuvres de guerre, à
servir les pièces, à escalader les murs, à tirer à la
cible, à lancer les grappins d'abordage. Trouvant
leur nombre insuffisant, La Bourdonnais en recruta
parmi les nègres et organisa cet ensemble par compagnies. De cette manière, il se vit bientôt à la tête
d'hommes exercés, disciplinés et prêts à entreprendre tout ce qu'il leur commanderait. »

Cependant, lorsque ce vaillant marin arriva enfin
sur le théâtre de l'action, après des efforts si ardents
et si soutenus, toute son énergie parut soudain
l'abandonner. Où chercher la cause de ce changement subit dans un homme qui jusque-là avait donné
un si admirable exemple de hardiesse et de résolution? Cette cause ne peut se trouver que dans certains défauts de caractère qui existaient chez La
Bourdonnais, et qu'on a perdus de vue dans la trompeuse auréole dont le roman a entouré son nom.
La vérité est que, tout entreprenant et capable qu'il
était, La Bourdonnais était en outre profondément
égoïste. Tant qu'il ne fallut pas partager l'autorité,
tant qu'il put commander en maître absolu, il déploya dans tous ses actes la merveilleuse énergie de
son admirable nature; mais les choses changèrent
dès que la conscience qu'il avait de son importance
fut amoindrie par la présence d'un chef qui avait
droit à une position égale. Alors le feu dévorant de

L'ILE DE FRANCE

l'envie enflamma son cœur et étouffa tous les autres sentiments. Il ne put supporter d'avoir à montrer de la déférence pour un autre, d'avoir à reconnaître un droit de contrôle ou d'intervention dans sa politique. A son arrivée dans l'Inde, La Bourdonnais se trouva en présence d'un homme qui, bien que du caractère le plus conciliant, tint le langage et la conduite d'un chef occupant un rang égal, et revêtu même, à quelques égards, d'une autorité supérieure. La Bourdonnais ne pouvait en aucune façon s'accommoder d'une position semblable, et, cédant à un insurmontable sentiment d'irritation, il commença par bouder, pour se lancer ensuite dans une ligne de conduite gravement répréhensible. Après tout, le cas n'est pas rare. L'histoire mentionne de nombreux exemples analogues d'insuccès dus à l'opiniâtre insubordination d'un chef placé en sous-ordre.

Ce fut le 8 juillet 1746 que l'escadre de La Bourdonnais jeta l'ancre devant Pondichéry, après avoir auparavant battu la flotte anglaise, et, par cette victoire, délivré Pondichéry et découvert Madras.

Dupleix dès lors se trouva tout à coup dans une position dont son génie audacieux fit aussitôt la base d'un mouvement agressif décisif. Dès que les vaisseaux français furent en vue, il bondit à l'idée du succès à réaliser par la prise de Madras, et il pressa instamment La Bourdonnais de consommer son triomphe sans perdre une minute.

Cette prise de Madras était d'ailleurs un projet depuis longtemps concerté entre eux, leur correspondance montre combien ils y tenaient l'un et l'autre. Dupleix, dans cette circonstance, n'était pas mû par un simple instinct de piraterie. Ce qu'il voulait, c'était porter un coup fatal au pouvoir naissant et aux entreprises des Anglais dans cette partie de l'Inde et balayer du sol indien, par un succès décisif, cette puissance qui menaçait de s'emparer du prestige et de l'autorité qu'il rêvait pour ses compatriotes.

Dans l'état où se trouvaient les choses, il était bien permis de croire que la grandeur et la prospérité des Anglais dans le Karnatic dépendaient de la possession de Madras. C'était là seulement que leurs entreprises avaient acquis les proportions d'un établissement politique ; et Madras une fois pris, Dupleix comptait que Fort Saint-David's, l'autre poste anglais de cette région, tomberait de lui-même. On ne peut pas dire qu'en ceci Dupleix se laissât entraîner par une folle confiance. La faiblesse militaire des Anglais à cette époque est démontrée d'une manière concluante par leur reddition précipitée de Madras ; tandis que, d'un autre côté, en raison de la rareté des sites sur la dangereuse côte de Coromandel, il eût été difficile aux Anglais de compenser par de nouveaux établissements la perte des anciens, si Dupleix avait été mis en mesure, par son triste gouvernement, de conserver les conquêtes qu'il avait faites. L'erreur de sa vie consiste dans le fait qu'entraîné par son esprit ardent, il ne vit pas la misérable et perverse nature des hommes sur l'appui desquels il avait à compter.

En arrivant à Pondichéry, La Bourdonnais déploya tout d'abord son activité accoutumée; mais il ne se passa pas longtemps avant que son humeur querelleuse se fît jour et qu'il éclatât en plaintes. Il prétendit faussement que Dupleix était déterminé à le contrecarrer, et il déclara très-haut que, par pure arrogance, il lui refusait soixante canons d'un certain calibre, destinés à compléter l'armement de ses vaisseaux équipés à la hâte. La vérité est que, bien que Pondichéry fût pauvrement approvisionné, Dupleix avait dépouillé la ville de canons, au point d'en fournir à La Bourdonnais dix de plus que le nombre demandé; ces canons, il est vrai, n'avaient pas pu être de l'exact calibre exigé; mais il n'y avait à cela rien de sa faute. Les vrais motifs des plaintes de La Bourdonnais, c'est qu'il ne se trouvait pas investi de l'autorité suprême. Il prétendait au droit de contrôler même l'autorité du conseil, et de prendre en main toute l'administration, prétention qu'il ne pouvait pas appuyer de l'ombre d'un titre. En vain Dupleix épuisa les ressources de sa conciliante courtoisie pour dompter la mauvaise humeur de La Bourdonnais, en vain il alla jusqu'à priver la ville de sa garnison pour compléter le contingent de troupes que celui-ci demandait.

En dépit des instances du gouverneur général, l'amiral continuait à attendre dans le port, et à faire, par sa torpeur, mentir sa réputation, tandis qu'un temps précieux s'écoulait.

Dans son mémoire justificatif, La Bourdonnais affirme que dès le premier moment la réception que lui fit Dupleix fut peu convenable. On ne peut, sans en avoir fait une étude particulière, concevoir jusqu'à quel point est contraire à la vérité ce mémoire, fort habilement écrit d'ailleurs. Comme toutefois il a été fait grand bruit du premier chef d'accusation que nous venons de relever, il est nécessaire d'en démontrer la complète.fausseté. Les lettres de Dupleix sont là pour prouver la cordialité extraordinaire avec laquelle il accueillit l'amiral.

« A vous sera l'honneur, écrit-il à La Bourdonnais à la première nouvelle de son arrivée, et je m'estimerai heureux d'y contribuer par des moyens qui doivent leur valeur entièrement à votre habileté. » Et ailleurs : « Je m'estimerai heureux d'avoir contribué au succès par des causes qui ne tireront de mérite que de votre conduite et de ses heureux résultats, après lesquels j'aspire ardemment. Je comprends trop l'importance de notre union pour ne pas m'appliquer entièrement à la réaliser. »

On était parfaitement d'accord sur le but auquel

celte union devait tendre. Ces lettres font voir que jusqu'à plus de dix jours après l'arrivée de l'escadre, les deux officiers étaient du même avis sur ce point, à savoir que la prise de Madras était la seule chose qui valût la peine d'être tentée, et qui pût indemniser la compagnie de « ses pertes et de ses dépenses ». La Bourdonnais, dans sa correspondance, se montre d'abord aussi ardent que Dupleix.

Dans une lettre datée du 17 juillet, il discute de quelle manière il vaudra mieux qu'il traite Madras lorsqu'il l'aura pris ; car il regarde comme un fait hors de doute la prise inévitable de cette ville ; et cependant quelques jours plus tard toute sa résolution s'évanouit, et, au lieu de presser la campagne, il propose de lever l'ancre pour se mettre en quête de l'escadre anglaise : ce qu'il fit en effet, au profond mécontentement de Dupleix, qui avait fait tous les efforts et tous les préparatifs possibles pour l'expédition de Madras.

A la fin, La Bourdonnais se décida, tout en maugréant, à prendre la mer ; encore ne fut-ce que pour aller reconnaître l'escadre anglaise dans le voisinage.

Sur ces entrefaites, Dupleix reçut, avec une sensible surprise, une aigre missive de La Bourdonnais exprimant sa répugnance positive à poursuivre le plan arrêté, à moins que le conseil n'en prît sur lui la responsabilité tout entière. Un acte si évidemment suggéré par un égoisme revêche était quelque

chose de complétement étranger à la nature ardente
et patriotique de Dupleix. Ferme dans ses convic-
tions et fort de son autorité, le gouverneur général
insista sur l'exécution du projet primitif, et, conformément à ses ordres, le 14 septembre, les troupes
françaises débarquèrent à quatre lieues au sud de
Madras.

Une fois en campagne, La Bourdonnais redevint
pour un moment lui-même. Avec sa résolution habituelle, il fit avancer ses forces jusque sous les
murs de Madras, et il prit, pour le bombardement
de la ville, des mesures si vigoureuses, que le gouverneur anglais, M. Morse, fut effrayé au point de
se rendre avant que les assiégeants eussent perdu
un homme.

Il n'est pas étonnant que les historiens anglais
Orme et Mill, peu disposés naturellement en faveur
du plus grand des antagonistes de la puissance anglaise dans l'Inde, se soient pressés d'adopter des
données éminemment favorables aux intérêts anglais, alors que ces données avaient été arrangées
par La Bourdonnais avec un art tel, que ses compatriotes mêmes s'y sont laissé prendre. Ici, toutefois,
nous nous sommes imposé la tâche de raconter les
simples faits de la vie de Dupleix tels qu'ils sont. La
seule chose qui nous importe est ce qu'il fit en cette
circonstance, en dehors de toutes autres questions
qui ont pu soulever une protestation violente contre

des mesures manifestement préjudiciables aux intérêts britanniques.

En faisant cette protestation aussi retentissante qu'ils purent, les fonctionnaires anglais remplirent leur devoir envers leurs patrons. Ils étaient là pour protéger la propriété de leur compagnie, et il eût été coupable à eux de rester en arrière quand, sur des motifs valides ou non, il plaisait tout à coup à l'amiral français d'élever des réclamations en leur faveur. Mais cette question doit être considérée en elle-même, et ce n'est qu'à l'aide de sophismes qu'on a pu envelopper Dupleix dans une accusation de déloyauté ou de violation de parole.

La capitulation du 20 septembre réservait expressément pour des négociations ultérieures la question de savoir à quelles conditions Madras *pourrait* être racheté. Les propres lettres de La Bourdonnais prouvent d'une manière concluante qu'en dehors de cette vague clause conditionnelle, rien, absolument rien n'avait été arrêté. Le 23, il écrit à Dupleix « que les conditions auxquelles la ville s'est rendue l'ont mise en quelque sorte à sa discrétion. Il y a cependant une espèce de capitulation dont il lui envoie une copie, et qui, comme Dupleix le verra, ne fait qu'assurer le droit du commandant français de décider du sort de la ville. Il annonce ensuite qu'il va faire embarquer sur ses navires tout ce qui vaut la peine d'être transporté; après quoi il traitera avec les Anglais de la rançon de la ville ». La panique qui s'était emparée de M. Morse avait été si vive, qu'en traitant avec La Bourdonnais il avait été jusqu'à oublier de réclamer copie de l'acte de capitulation.

Cependant, avant la réception de ces nouvelles, et le jour même où Madras tombait, Dupleix avait envoyé à La Bourdonnais des instructions relatives à la probabilité de cet événement. Le gouvernement mongol, dont un peu auparavant Dupleix avait invoqué la protection, essayait à cette heure de lui imposer à son tour son autorité. Le nabab Anoua-rouddin, infatué du succès de ses menaces contre les Anglais, sommait impertinemment Dupleix de renoncer à une guerre sur un territoire qu'il re-gardait comme sien. Il se montrait en outre dis-posé à appuyer ses prétentions par les armes.

Dépourvu comme il l'était de troupes, et avec le siége de Madras sur les bras, Dupleix avait cherché à tourner cette intervention dictatoriale en mandant au nabab son intention de lui rendre Madras une fois qu'il l'aurait pris; mais cette intention, dans l'esprit de Dupleix, n'allait pas plus loin que de re-mettre au nabab la ville nue, démantelée de tous ses travaux de défense à l'européenne et dépouillée de tout ce qui pouvait lui donner de l'importance comme position militaire. Dans ces circonstances, se souvenant et de sa promesse au nabab et de la disposition que La Bourdonnais avait manifestée antérieurement de rendre Madras aux Anglais moyennant rançon, Dupleix, dans la nuit du 21, alors qu'il ignorait encore la reddition de la ville, envoya à La Bourdonnais un messager spécial porteur d'une lettre qui a été conservée, dans laquelle il l'informe de sa ferme intention de remettre Madras au nabab, et lui donne, par conséquent, pour instructions de « n'écouter aucune proposition qui pourrait être faite pour le rachat de la place moyennant rançon, attendu qu'accepter une pareille proposition serait tromper le nabab et l'engagerait à se joindre aux ennemis. »

Cette lettre était entre les mains de La Bourdonnais le 23. On comprendrait qu'avec le caractère qu'on lui connaît maintenant, La Bourbonnais eût pu, au début, promettre secrètement de rendre Madras pour une somme d'argent, et cacher ensuite le fait à Dupleix; mais comment jamais croire qu'une stipulation de cette nature fût réellement renfermée dans la capitulation du 20 septembre, quand, trois jours après la réception de ces instructions explicites, nous voyons La Bourdonnais répondre à Dupleix, le 24 septembre, en lui demandant simplement ses ordres détaillés sur la manière dont Madras devait être traité? Tout motif pouvant exister de cacher la vérité cessait nécessairement dès ce moment. Il est certain que, dans les pourparlers, les autorités anglaises avaient avant cela insinué déjà l'idée d'une rançon; mais ce qui s'était passé était strictement irrégulier, comme le démontre d'une façon irréfragable la correspondance même de La Bourdonnais avec Dupleix. Ces lettres sous les yeux, il est impossible qu'on ne partage pas les conclusions du major Malleson :

« 1° Que la Bourdonnais, comme commandant de l'expédition, n'avait aucun droit de conclure de traité définitif avec les Anglais sans le consentement du gouverneur général de l'Inde française; 2° Que jusqu'au 25 septembre, c'est-à-dire cinq jours après la reddition de la ville, aucun traité de ce genre n'avait été négocié; et 3° Que jusqu'à cette date La Bourdonnais, enchanté de son succès, avait fait preuve d'une entente parfaite avec les autorités de Pondichéry. »

Cependant, le 26 septembre, La Bourdonnais, qui deux jours seulement auparavant n'avait pas un mot à dire contre le plan d'opération proposé par Dupleix, conclut effectivement avec le gouverneur anglais Morse une convention pour la restitution de Madras contre un payement de 1100000 pagodes, convention qui était censée n'être que le complément de stipulations dont il n'avait pas été parlé jusque-là, quoiqu'on en fît mention comme étant contenue dans la capitulation primitive du 20 septembre.

Dupleix naturellement repoussa l'idée de reconnaître la validité d'un acte si contraire à ses ordres, et refusa péremptoirement de ratifier le traité. Avec l'accent simple et convaincu du plus pur patriotisme et un noble dédain de toutes questions personnelles, il essaya, par tous les arguments possibles, de faire appel aux sentiments les meilleurs de La Bourdonnais. L'amiral répondit à ses avances par une explosion de mauvais vouloir dépassant les bornes des convenances. Il entra en fureur comme un enfant gâté ou comme un soudard, et se livra en paroles et en actes à des licences qui l'eussent fait casser devant un conseil de guerre. Il fit embarquer tout le contingent de Pondichéry, et menaça de le transporter à l'île de France, si l'opposition à la rançon de Madras n'était pas levée; enfin, quand les commissaires de Dupleix arrivèrent au camp, il les traita publiquement avec un insultant mépris. A l'aide de documents tronqués, il chercha à se faire croire investi de l'autorité suprême et à prouver que le gouvernement lui avait absolument défendu de faire de conquêtes.

La première de ces assertions était un acte d'impudence dénué de tout fondement, et la seconde reposait sur une interprétation vicieuse des instructions à lui adressées en 1741, et ayant trait seulement aux éventualités d'une croisière dont il avait été chargé. Le fait est que, tandis que Dupleix se montrait courtoisement mais inébranlablement inflexible sur un point qui, selon lui, était la pierre angulaire d'un vaste édifice longtemps médité, La Bourdonnais, il n'y a que trop lieu de le croire, n'avait uniquement à cœur qu'une évacuation dont il devait tirer un profit personnel (1).

Alors, pour la première fois, après une longue série d'altercations, La Bourdonnais affirma tout à coup que la ville ne s'était jamais rendue à discrétion, mais bien sous la condition expresse d'être restituée contre rançon. Il fit très-haut parade de son honneur, et jura qu'il aimerait mieux souffrir mille morts que de demeurer sous le coup d'une imputation de mauvaise foi. Pendant tout le temps de ces tristes débats, La Bourdonnais, bien qu'en

---

(1) M. Malleson n'hésite pas à écrire en toutes lettres que La Bourdonnais s'était laissé acheter par les membres du conseil de Madras, moyennant une somme de quarante. mille livres sterling ou un million de francs, en dehors des onze cent mille pagodes stipulées pour la reddition de la place. Ce fait ressort des papiers aujourd'hui déposés au Bureau des affaires de l'Inde, *India House* (*Law Case*, nᵒ 31, date du 3 mars 1752), et inconnus auparavant, lesquels prouvent que les directeurs ont eu connaissance d'un bon de cette somme, donné à La Bourdonnais « en considération de la restitution par lui faite de Madras aux Anglais ».

C'est donc l'amour du lucre qui aurait fait un traître. du marin éminent, de l'homme de guerre-plein de bravoure, et l'aurait poussé non-seulement à méconnaître l'autorité supérieure de Dupleix, mais même à exposer à une mort inutile les hommes qu'il avait sous ses ordres en demeurant jusqu'à l'époque de la mousson dans une rade ouverte où son escadre essuya les plus regrettables pertes en hommes et en vaisseaux.

apparence indigné et furieux, agissait avec une présence d'esprit des plus habiles. L'adresse avec laquelle, au milieu de ses accès de colère, il imaginait une foule de subterfuges, est faite pour frapper d'admiration le plus roué des procureurs. Battu par la persistante fermeté de Dupleix sur le seul terrain qui lui tînt tant à cœur, il prit soin, avant tout, de se tirer de sa fausse position d'une manière suffisamment plausible pour se ménager, sur un terrain autre, l'espoir de renvoyer la balle à son adversaire. Le danger que la mousson attendue faisait, il le savait, courir à sa flotte, stimulait visiblement son désir de se retirer. Il recourut en conséquence à l'expédient d'une nouvelle convention qui prolongeait jusqu'au 15 janvier l'occupation française.

Par dépêche du 23 octobre, le conseil de Pondichéry sanctionna tous les autres articles, mais il refusa nettement de ratifier aucun traité limitant le droit d'occupation des Français. Le même jour, les vents de mousson soufflèrent sur la côte de Madras, et un terrible ouragan causa de nombreux désastres dans la flotte française et à terre. Un navire coula avec tout ce qui le montait, plusieurs furent totalement désemparés; tous souffrirent considérablement.

La Bourdonnais, désespéré de ce malheur que lui reprochait sa conscience, ne semble plus, dès ce moment, avoir eu d'autre pensée que de se retirer au plus vite, sans s'inquiéter de ce qui arriverait une fois lui parti. C'est là seulement ce qui peut expliquer son dernier acte avant de s'embarquer. Ayant en sa possession le rejet officiel de sa convention, il eut non-seulement l'audace de la confirmer, mais d'y ajouter un préambule certifiant qu'elle avait été ratifiée! Alors, emportant dans son âme tous les démons de la colère, et complétement indifférent à ce qui pourrait s'ensuivre, il fit voile pour l'île de France, d'où il s'embarqua bientôt pour l'Europe. A Paris, il fut enfermé à la Bastille pour mauvaise gestion et péculat; mais grâce aux cruelles lenteurs des tribunaux français, qui le maintinrent des années en prison sans le juger, ses habiles justifications, basées sur des faits dénaturés, lui conquirent dans l'opinion populaire le rôle intéressant de victime.

V

Il advint naturellement ce que La Bourdonnais devait certainement supposer devoir arriver. Dupleix, après le départ de son rival, rejeta entièrement, en sa qualité de gouverneur suprême, la convention de La Bourdonnais, et traita Madras comme une conquête à sa discrétion. Personne, pensons-nous, une fois ces faits connus, ne lui contestera le droit qu'il avait d'en agir ainsi; bien que peut-être certaines gens puissent entretenir l'opinion que cette politique lui fût plutôt inspirée par un mouvement de vengeance que par des vues bien saines. Une telle accusation cependant nous paraît reposer sur une appréciation erronée de la situation. Dupleix avait pour but bien arrêté l'expulsion complète des Anglais du Karnatic; car il comprenait que s'il ne réussissait pas dans cette entreprise, les Anglais finiraient par en chasser à leur tour ses compatriotes. Il n'y avait rien de déraisonnable dans un pareil dessein. Les Anglais n'étaient pas invincibles; la puissance de la France dans l'Inde était égale à celle de l'Angleterre. Celle-ci était alors loin d'avoir dans le pays le prestige qu'elle a acquis depuis. En réalité, la puissance anglaise, notamment dans le Karnatic, était si faible et si mal dirigée, que ce fut pour elle un bonheur providentiel qu'un concours fortuit de chances favorables fût venu, à différentes reprises, la sauver de l'anéantissement que méditait Dupleix. Mais ce grand génie eut le malheur de n'avoir, à quelques exceptions près, que des instruments très-indignes à sa disposition, de sorte que ses vastes combinaisons politiques, ses plans si habilement mûris, appuyés d'imposantes ressources matérielles, prix de gigantesques efforts, échouaient toujours à la veille du succès, par la faute des agents coupables chargés de les mettre à exécution.

Les bâtiments de La Bourdonnais étaient à peine hors de vue que parut devant Madras une armée indienne, évaluée à cent mille hommes, que le nabab, furieux des exceptions dilatoires de Dupleix, avait dépêchée pour lui enlever la ville des mains. Dupleix, toutefois, avait résolu que Madras ne serait rendue à l'autorité indigène que dépouillé de toutes ses fortifications européennes, et, comme cela ne pouvait être fait sur l'heure, il n'hésita pas à opposer la force au nabab. Délivré maintenant des tracasseries d'un chef militaire indiscipliné, il déploya toute l'énergie dont il était doué à un degré si remarquable, et un petit convoi de renforts étant très à propos arrivé d'Europe, il ne craignit pas d'envoyer, sous le commandement du Suisse Paradis, soldat de fortune, un petit corps de deux cents hommes au secours des Français laissés à Madras.

A quatre milles environ de cette ville, à Saint-Thomé, autrefois cité portugaise importante, cette poignée d'Européens rencontra l'armée du nabab appuyée d'une artillerie formidable et solidement postée en arrière d'une rivière. La partie pouvait paraître bien inégale, à une époque surtout où l'expérience n'avait pas ôté leur prestige aux prouesses des Indiens; depuis les Portugais, en effet, les Européens ne s'étaient pas trouvés en rase campagne en présence de forces asiatiques. Mais

Paradis était un homme à détermination prompte; il résolut immédiatement de se frayer un chemin à travers le camp du nabab, et, entrant hardiment dans la rivière, il s'élança avec sa poignée de soldats sur les retranchements indiens. Le résultat fut une victoire pour les Français, victoire si complète, si instantanée, que des deux côtés l'étonnement fut égal.

Ce fut une action mémorable, car, pour la première fois, les Européens y apprirent le secret de leur vigueur et de leur supériorité; pour la première fois aussi l'arrogance des Indiens fut abattue. Le succès ainsi remporté fit époque dans l'histoire de l'influence européenne; mais, comme tout ce que les Français accomplirent dans l'Inde, cet exploit mémorable est oublié!

Délivré désormais de tout danger par la déroute des hordes du nabab, Dupleix ne perdit pas de temps en ce qui regardait Madras. Une proclamation répudia toute convention conclue sans autorisation par La Bourdonnais, et déclara Madras possession française par simple droit de conquête. Il n'est pas vrai, toutefois, que les habitants eurent à subir de mauvais traitements. La fameuse histoire des prisonniers de Madras promenés en procession par les rues de Pondichéry est une des mille méprisables faussetés que La Bourdonnais répandit à profusion dans ses libelles. La ville et toutes les propriétés de la compagnie furent déclarées de bonne prise, et les mêmes motifs politiques qui, en 1761, firent démanteler Pondichéry par les Anglais, firent raser par Dupleix les fortifications de Madras. Mais il n'y eut ni dommage fait à la propriété privée, ni insulte aux prisonniers de guerre. Il existe au contraire des témoignages très-explicites de la courtoisie et de la bienveillance que montra Dupleix à ses prisonniers anglais.

L'activité extraordinaire que mit Dupleix à terminer l'affaire de Madras était stimulée chez lui par l'espoir d'achever par ses succès dans le Karnatic la capture de Saint-David's avant l'arrivée des renforts d'Angleterre. Il fut toutefois singulièrement déçu dans cet espoir. Si, comme cela est probable, la honteuse reddition de Madras lui avait inspiré du mépris pour les Anglais de l'Inde, il apprit bientôt que ceux-ci n'avaient besoin que de voir leur courage soutenu et guidé pour devenir de formidables adversaires.

Au lieu de suivre le triste exemple de M. Morse, la garnison de Saint-David's, avec tout le courage du soldat et l'art du diplomate, résolut de se défendre jusqu'au dernier homme. En dépit de la panique inspirée par la déroute de Saint-Thomé, les Anglais obtinrent du nabab de ramener son armée en campagne, en même temps qu'ils trouvèrent un auxiliaire plus efficace encore dans l'humeur scandaleusement indisciplinée des troupes françaises.

Par suite d'une honteuse parcimonie, les directeurs français recrutaient principalement leurs soldats dans les geôles et les bagnes de France, à ce point que l'armée de la compagnie était de toute notoriété un refuge ouvert à tous les individus qui, d'une façon ou d'une autre, étaient au ban de la société. Le moins qui pût arriver à de pareils soudards était de déserter une fois à terre; mais malheureusement leur esprit d'insubordination était d'autant plus fort qu'on avait plus besoin de leurs services.

Quand on examine les actes de Dupleix, il ne faut jamais perdre de vue les pénibles embarras en présence desquels il se trouva sans cesse par suite de l'obligation où il était d'avoir à compter avec un pareil ramassis de coquins. Cent fois il vit ses projets les mieux concertés ruinés sans ressources par la honteuse conduite de ses officiers et de ses soldats. C'est ainsi que, dans cette circontance particulière, il se trouva forcé de confier le commandement de ses troupes à un homme qu'il savait incapable, et cela simplement parce que les officiers avaient déclaré qu'ils n'obéiraient pas à Paradis, par la raison qu'il était étranger.

Dupleix, toutefois, n'était pas homme à se laisser facilement détourner de son but. Les obstacles ne faisaient qu'irriter son courage. Moitié par des négociations avec l'inconstant nabab, moitié par d'autres opérations militaires, il pressa Fort Saint-David's avec une vigueur qui déjà en faisait regarder la reddition comme certaine, quand l'arrivée d'Europe de nouvelles troupes ennemies vint arrêter ses succès et tourner les chances contre lui, en menaçant d'une destruction totale la puissance française. L'amiral Boscawen amenait une escadre et des forces qui constituaient le plus puissant armement européen qu'eussent encore vu ces parages. L'amiral avait plus de trente navires et huit mille hommes de débarquement bien pourvus d'artillerie. Non-seulement dans l'Inde, mais en Europe même, l'expédition fut, à cette époque considérée comme un merveilleux effort de la part de la nation qui l'avait organisée.

A la vue de cette armée, les Français naturellement levèrent le siége de Saint-David's, et se hâtèrent d'aller chercher un refuge derrière leurs frontières. L'amiral Boscawen les y poursuivit, et, le 30 août 1748, la tranchée fut ouverte devant Pondichéry. La situation de la ville était des plus critiques avec sa maigre garnison, qui n'avait du soldat que le nom, et ses officiers, pour la plupart desquels l'honneur militaire était un mot vide de sens. Pour surcroît de mauvaise chance, le brave Paradis tomba un des premiers dans une sortie.

Une histoire faite à plaisir, et qu'ont successivement répétée tous les écrivains, c'est que Dupleix, avec tout son orgueil, était de sa personne un insigne poltron que le sifflement d'une balle faisait trembler de la tête aux pieds. Bien plus, on a prétendu que lui-même avouait que le bruit des armes lui troublait complétement les idées. La seule autorité à citer à l'appui de ces dires est un de ces libelles calomniateurs répandus à profusion par la compagnie lors de ses démêlés avec Dupleix. Il n'est personne qui, ayant mis la valeur de ces publications à l'épreuve, puisse accepter aujourd'hui leurs diffamations pour quoi que ce soit. Que Dupleix fût plus sur son terrain dans le cabinet que sur un champ de bataille, cela ne fait pas de doute ; mais que, doué comme il l'était d'une âme énergique et résolue, il eût été lâche devant un danger physique, c'est ce qu'il serait difficile de croire alors même que la preuve du contraire, en ce qui touche sa conduite à cette époque, ferait défaut.

C'est Dupleix seul qui, par son incessante vigilance et sa perpétuelle sérénité d'esprit, entretint, de l'aveu de tous, la confiance chez les habitants et les soldats, en infusant, pour ainsi dire, dans leurs cœurs le courage d'une stoïque résistance. Invoquant les études de son adolescence, il se fit ingénieur et dirigea personnellement les opérations contre les assiégeants arrêtés devant ces fortifications que sa prévoyance avait autrefois, en dépit d'instructions contraires, élevées du côté de la mer.

En même temps, l'amiral Boscawen, quoique bon marin, était un pauvre général et ne savait comment opérer d'une manière efficace contre la ville. Ses vaisseaux étaient fort maltraités par l'artillerie des remparts, et à terre ses batteries étaient démontées une à une. D'un autre côté, les pluies insalubres de l'automne apportèrent la maladie dans son camp. Et puis la mousson revenait avec son cortége d'ouragans terribles. Ces diverses considérations engagèrent l'amiral à renoncer à son entreprise. Le 6 octobre, Dupleix eut la satisfaction de voir les Anglais lever le siége et battre en retraite, en laissant derrière eux plus de mille des leurs et dix canons.

La pompe avec laquelle Dupleix célébra ce succès a été amèrement critiquée comme un acte de jactance vaine. La vérité est qu'à ce moment les conséquences morales de cet heureux dénoûment de la défense de Pondichéry étaient immenses, en raison de son effet sur les Indiens. Dupleix, le fait est certain, avait, par suite de son amour naturel du luxe, un goût instinctif pour l'apparat; mais ce qui n'est pas moins certain, c'est que les grands déploiements de faste auxquels ils se livrait parfois avaient chez lui pour premier mobile le besoin de frapper l'esprit des indigènes de l'idée de sa puissance.

Les Asiatiques avaient suivi d'un œil curieux le siége de Pondichéry. Pour eux, ce siége était

DÉFENSE DE PONDICHÉRY CONTRE LA FLOTTE DE L'AMIRAL BOSCAWEN.

l'événement qui devait prouver si le grand gouverneur français, qu'ils commençaient à craindre, était vraiment l'homme invulnérable qu'ils s'étaient imaginé, ou s'ils pouvaient impunément se tourner contre lui. Donc, en célébrant très-haut sa victoire par de splendides *Te Deum*, et en annonçant son triomphe au Grand Mogol lui-même en des termes qui, pour nous autres Européens, sentiraient fort l'exagération, Dupleix ne faisait absolument que ce qui, à ce moment critique, devait le mieux frapper des imaginations orientales. Les résultats de son succès n'étaient pas non plus en eux-mêmes chose de mince valeur. Les Anglais conçurent de leur échec un tel découragement, que, s'enfermant dans Fort Saint-David's, ils renoncèrent à toute hostilité et laissèrent le champ libre à Dupleix. Malheureusement pour la France, celui-ci n'avait pas à sa disposition les forces nécessaires pour en profiter.

Quelques semaines plus tard, cependant, arrivèrent d'Europe des nouvelles qui changèrent complétement la face des affaires. La France et l'Angleterre avaient signé à Aix-la-Chapelle un traité en vertu duquel Madras devait être rendu aux Anglais. Cet événement fut pour Dupleix une amère mortification, mais les ordres de France étaient formels, et en conséquence, en août 1749, il eut la douleur de restituer une conquête à laquelle il n'avait consacré tant d'efforts que par suite de la conviction

profonde où il était de son indispensable importance pour l'établissement de l'empire dont il avait
rêvé de doter sa patrie dans les Indes.

Toutefois le génie de Dupleix était beaucoup trop
souple pour ne pas savoir se frayer un chemin à
travers des obstacles ordinaires. La lutte, qui paraissait éteinte par une pacification définitive, ne tarda
pas à se renouveler sous le voile transparent d'une
combinaison dans laquelle les Français et les Anglais
étaient censés figurer comme de simples alliés. C'est
par cette autre conception qu'il faut juger Dupleix.
Elle consistait à créer un nabab du Karnatic et un
soubahdar du Décan qui, créatures du gouvernement français, dépendissent de la France et ap-
puyassent leur autorité sur la puissance française.

Alors qu'ils étaient enfermés dans Fort Saint-
David's, les Anglais, à bout de ressources, avaient
accepté les avances d'un prétendant au trône de
Tandjore, qui leur promettait une cession de territoire, à la condition qu'ils l'aidassent de leurs
armes. Au même moment, des nuages de mauvais
augure s'amoncelaient à l'horizon dans une direction opposée. Les Mahrattes, concurremment cette
fois avec une rébellion des petits chefs indigènes,
menaçaient encore d'une autre invasion l'Inde mé-
méridionale.

On se rappelle qu'après avoir pris Tritchinapali,
Ragodji-Bonsla avait emmené captif avec lui Chun-

da-Sahib. Cet infatigable fauteur d'intrigues avait appliqué toutes les ruses de son esprit à se mettre dans les bonnes grâces de son vainqueur. On a cru jusqu'ici que Dupleix avait été le premier à chercher à obtenir la délivrance de Chunda-Sahib, en vue de se servir de lui pour ses projets. Un document de la collection Ariel prouve que c'est ce dernier qui, par son adresse, sut faire faire le premier pas à cette affaire, et que Dupleix n'eut pas à lui faire restituer sa liberté. Par une curieuse lettre écrite du pays des Mahrattes, Chunda-Sahib informe Dupleix de tout ce qui était survenu depuis qu'il avait été fait prisonnier, ainsi que de ses diverses tentatives pour entrer en arrangement avec Ragodji; il lui dit comment enfin, par l'influence de certains chefs mahrattes, le peishwa entre autres, ils étaient arrivés à s'entendre, et comment, en conséquence, il était en mesure de lui annoncer sa prochaine arrivée dans le Karnatic à la tête d'une armée plus que suffisante pour entrer en lutte avec les forces du Nizam. Cette armée était celle de Ragodji, qui, après avoir dépouillé Chunda-Sahib de tout ce qu'il pouvait lui prendre, n'était pas fâché d'avoir un prétexte à de nouvelles razzias dans le Karnatic.

Dupleix comprit immédiatement toutes les chances que lui offrait un pareil événement. D'un côté, le Karnatic allait être entraîné dans une effroyable ruine par cette invasion mahratte, s'il la laissait se réaliser, tandis que, d'un autre, il gagnait pour la puissance française cet ascendant définitif, objet de son ambition, si, en se substituant hardiment au chef mahratte, il prêtait son assistance à Chunda-Sahib, assistance qui, en aidant celui-ci à reconquérir une principauté nominale, ferait de lui, en somme, un simple vassal de la France.

Agissant sous sa propre responsabilité et avec une décision caractéristique, Dupleix n'hésita pas à adopter ce dernier parti avec ses risques immenses. Toutefois, avant qu'il eût put mettre son projet en action, des circonstances se présentèrent inopinément qui grossirent à un point merveilleux les proportions de l'entreprise à laquelle il se vouait. Le vieux renard du Décan, le Nizam-oul-Moulk, mourut sur ces entrefaites, et tout aussitôt son fils Nazir-Jung et son petit-fils Mozuffer-Jung se disputèrent ses vastes domaines.

Parmi les territoires en litige se trouvait naturellement le Karnatic, que gouvernait encore le nabab Anouarouddin. Mozuffer-Jung était battu par son compétiteur, quand, par suite de cette affinité naturelle qui pousse en général les prétendants à se grouper entre eux, Chunda-Sahib lui offrir l'assistance de ses troupes, à la condition que Mozuffer-Jung, en qualité de soubahdar du Décan, lui octroierait la dignité de nabab du Karnatic, en outre de sa principauté primitive de Tritchinapali. Mozuffer-Jung s'empressa d'accepter cette offre et de joindre le camp de Chunda-Sahib.

Ainsi, avant d'avoir même été consulté, Dupleix se trouvait partie dans la lutte qui comprenait non pas seulement la restauration d'un petit seigneur évincé de ses domaines, mais bien l'installation du prince dont la puissance, au point de vue du droit au moins, était tenue pour souveraine sur toute l'étendue du vaste pays soumis aux Mogols, au sud du Nerbeddah.

Loin de se sentir déconcerté devant une aussi gigantesque entreprise, en apparence hors de toute proportion avec les forces dont il disposait, Dupleix montra la plus grande ardeur à en poursuivre la réalisation. Seul il avait fait une saine appréciation des forces asiatiques, comparées à la vigueur des troupes européennes, et, confiant dans ses calculs, il était plein d'audace alors que les autres tremblaient. Un traité, signé avec Chunda-Sahib, disposa que les troupes indigènes au service de la compagnie seraient prêtées à celui-ci, qui les prendrait à sa solde pour le temps de la campagne ; tandis qu'un corps d'Européens, commandé par le comte d'Auteuil, servirait en qualité d'auxiliaire, et cela en retour d'une cession faite aux Français par Chunda-Sahib d'un territoire dans le voisinage immédiat de Pondichéry.

On voit ici se dessiner clairement les principes

qui guidèrent constamment la politique de Dupleix.
Convaincu qu'il était qu'avec la multiplicité d'établissements sans profit, et qui sous leur forme actuelle entraînaient chaque année de nombreux frais,
la compagnie marchait à la banqueroute, il fit de la
création d'un trésor indien pouvant répondre à
toutes les dépenses courantes de la compagnie l'objet principal de ses plans. L'Inde, dans son opinion,
pouvait faire elle-même les fonds de ses dépenses.
Il fallait pour cela restreindre les possessions territoriales à de simples domaines seigneuriaux, comme
celui qu'on venait d'obtenir, d'étendue médiocre,
mais fertiles en ressources commerciales, et suscep-
tibles par conséquent de rendre beaucoup sans entraîner les lourdes charges propres aux grandes colonies. En outre, Dupleix avait, nous l'avons dit,
une absolue confiance dans la supériorité de la vigueur européenne. Il croyait fermement qu'une fois
soutenue par d'amples ressources d'argent, elle
pourrait facilement ployer sous son joug tout le
continent indien, et faire payer aux princes du
pays, réduits à l'état de vassaux, l'élévation de la
compagnie au pouvoir suprême. En même temps
il n'oubliait pas qu'il était l'agent d'un corps commercial qui, bien qu'assez disposé à se voir mis en
possession d'un empire, n'en aurait jamais de gaieté
de cœur tenté la conquête; aussi, dans toutes ses
acquisitions sut-il toujours s'arranger de manière à

faire payer les premiers frais par ceux qui, en fin
de compte, devaient y perdre leur indépendance.

Ce fut en juillet 1749 que les troupes françaises
partirent de Pondichéry pour rejoindre Chunda-
Sahib. Elles se composaient de 2 000 cipayes, de la
solde desquels le prince indien se chargeait, et de
400 Européens commandés par le comte d'Auteuil.
Anouarouddin, de son côté, se mit aussi en marche.
Les deux antagonistes se rencontrèrent à Ambour.
La bataille fut décisive ; grâce aux Français, la victoire resta à Chunda-Sahib, victoire que la mort du
nabab rendit encore plus complète.

Cet événement mit d'un seul coup Chunda-Sahib
en possession de presque tout le Karnatic. Après
une rapide visite à Arcot, la capitale, le vainqueur
courut à Pondichéry, où, pendant sa longue captivité, sa famille n'avait cessé de trouver hospitalité
et protection, et là il témoigna par ses largesses de
sa profonde reconnaissance pour les services qu'il
avait reçus des Français. Une chose digne de remarque, c'est que la fidélité que Chunda-Sahib
montra toujours à l'alliance française semble lui
avoir été inspirée surtout par la constante protection qu'il avait vu sa famille recevoir de la part des
Français.

Le prétendu amour désordonné des cérémonies
fastueuses si souvent reproché à Dupleix n'empêcha
pas qu'en cette circonstance l'actif gouverneur ne

pressât Chunda-Sahib de ne pas perdre de temps en vaines pompes, et de poursuivre ses avantages contre le fils du nabab, Mohamed-Ali, qui, après la bataille, avait réussi à gagner Tritchinapali et à s'y enfermer.

A vrai dire, à partir de ce moment jusqu'à la fin de sa carrière de gouverneur de l'Inde française, Tritchinapali fut le pivot sur lequel Dupleix concentra toute l'action de sa politique. Arracher à son possesseur, Mohamed-Ali, cette place forte, à la fois capitale et clef militaire du Karnatic, fut le but vers lequel Dupleix dirigea tous ses efforts, et cela avec une ténacité que ne purent ébranler les désappointements les plus amers. D'année en année, d'expédition en expédition, Dupleix reprit avec la même résolution le siége de cette forteresse, dont la possession était, à ses yeux, indispensable au succès de ses vues.

Rien d'étonnant qu'une telle persistance dans une obstination vaine ait pu être considérée comme le résultat d'un entêtement égoïste. Pareille critique toutefois n'est pas justifiée, à moins qu'on ne la pousse jusqu'à condamner les bases mêmes de la politique de Dupleix comme toutes spéculatives et ne reposant que sur les chances des hasards heureux. Mais si l'on accepte les bases de cette politique, on ne saurait dire que Dupleix se soit montré en rien au-dessous de lui-même dans l'exécution de ses vues ambitieuses. Il est impossible de lire le récit clair et détaillé que fait le major Malleson de la campagne entreprise autour de Tritchinapali, sans s'étonner que les commandants français aient été assez incapables pour ne pas emporter cette forteresse, et sans admirer l'indomptable présence d'esprit que Dupleix mettait à réparer les désastres de ses ineptes officiers. Pour y parvenir, Dupleix n'hésita jamais à mettre en jeu sa fortune privée; c'est ainsi qu'après ce qui semblait une défaite écrasante, on voyait surgir de nouvelles troupes françaises prêtes à entrer de nouveau en campagne.

Tritchinapali commandait, d'un côté, la route du Maïssour et du Tandjore, et la contrée voisine appelée pays de Condiman, et de l'autre, toute la portion méridionale du Karnatic. Les défenses de la place étaient aussi compliquées que pouvaient l'être des fortifications indiennes; la nature du site avait fait le reste. Située à trente-six lieues de la côte, au sommet d'un bloc de granit élevé à environ deux cents mètres au-dessus de la riche plaine d'alluvion qu'arrose le Kavery, Tritchinapali était ceinte d'une double muraille de massive maçonnerie flanquée de tours très-solides. Le Kavery coule tout au pied de la ville. Il forme une île étroite, longue de plusieurs kilomètres, appelée Seringham, dont le temple fameux renfermait une image très-vénérée de Vichnou, devant laquelle Brahma lui-même avait prié. Le temple, véritable cité défendue de l'intrusion des profanes par une armée de brahmines, ne couvrait pas moins de six kilomètres de superficie avec une enceinte de sept murailles gigantesques.

En vain Dupleix insista auprès de ses deux princes indiens sur le danger qu'il y avait à ne pas déloger au plus vite Mohamed-Ali d'une position aussi formidable. Ses avertissements furent sans effet sur la présomption, l'indolence et la cupidité asiatiques. Chunda-Sahib avait une ancienne créance sur le roi de Tandjore, et se croyant maintenant assez fort pour en exiger le payement, il voulut faire passer sa réclamation avant tout. Cette affaire ne marcha pas aussi vite qu'il l'avait cru. Ce ne fut que quand, d'après l'ordre de Dupleix, le commandant français prit la chose en main, que le roi, effrayé, consentit à composer. Mais pendant ce temps, le danger qu'avait prévu Dupleix avait pris de graves proportions.

Nazir-Jung avait mis tous les corps du Décan en mouvement, et il était déjà sur les frontières du Karnatic avec des forces qui, par leurs proportions, ressemblaient moins à une armée qu'à tout un peuple qui émigre. Chaque nabab, chaque radjah, sur toute l'étendue de ses vastes possessions, avait envoyé son contingent grossir cette formidable multitude armée. Aussi, quand Nazir-Jung, resplen-

dissant d'or et de pierreries comme un second
Xerxès, passa en revue, sous les mur: de Gingi,
cette agglomération immense, il p.. bien donner
libre carrière à son orgueil en contemplant une
masse compacte de plus de 300 000 combattants,
traînant avec eux 800 pièces de canon et 1 300 éléphants. Mohamed-Ali vint le rejoindre avec sa poignée d'adhérents, et aussi, auxiliaires beaucoup
plus précieux, avec trois hordes sauvages de cavaliers mahrattes, ne respirant que la guerre et le
pillage.

Au reçu de ces nouvelles, Chunda-Sahib et ses
compagnons n'eurent rien de plus pressé que d'éva-
cuer Tandjore et de battre en retraite sur Pondichéry. Déjà, lors de leur première et magnifique
visite, Dupleix avait été obligé de leur ouvrir un
crédit pour garnir leur trésor de l'argent qui leur
manquait, et cette fois encore ils se présentaient
devant lui la main tendue avec un essaim de merce-
naires qui réclamaient l'arriéré de leur solde. Dupleix, bien que pris à l'improviste par la folle conduite de ses alliés, était trop convaincu de la valeur
de son enjeu dans le résultat final de la lutte pour
les abandonner dans cette circonstance critique.

La première chose à laquelle il songea, ce fut de
conjurer le danger d'une attaque irrésistible et de
gagner du temps pour mettre un peu d'ordre dans
son armée indisciplinée. Assez fin diplomate pour

battre le plus rusé des Asiatiques, il réussit, par des assurances et des allégations qu'on ne peut qualifier autrement que d'audacieux mensonges, à endormir Nazir-Jung dans une inaction meurtrière. Il fit croire au prince oriental que, se défiant, lui Dupleix, de ses propres alliés, il avait usé sur eux de tout son ascendant pour les empêcher de s'emparer de Tritchinapali. C'était là une fausseté insigne, que rien ne peut excuser dans la bouche d'un Européen, et dont il faut sans doute rejeter la faute sur l'action funeste du climat d'Orient et sur l'altération que de longs rapports avec les maîtres fourbes de l'Inde peuvent produire sur les notions que d'ordinaire nous entretenons de la morale. Quoi qu'il en soit, Dupleix n'agissait ainsi en cette circonstance que sous l'empire de la plus impérieuse nécessité. Puisant abondamment dans sa propre bourse, Dupleix, en même temps qu'il faisait garder à Nazir-Jung une inaction fatale, décidait les contingents indigènes à rentrer en lice, et, par d'incomparables efforts, portait à deux mille hommes le chiffre de ses troupes régulières.

Ce fut avec une anxiété facile à concevoir qu'il les vit marcher à l'ennemi, car, malgré tous ses sacrifices personnels, il s'était trouvé dans l'impossibilité de satisfaire toutes les demandes, et il ne savait que trop combien peu il lui fallait compter sur ses officiers, toujours les premiers à mettre à profit la dé-

tresse publique. Auteuil se trouva bientôt dans la
plus pénible position où puisse être un brave soldat,
celle de se voir abandonné de tous les siens. Les
officiers embauchèrent leurs hommes et leur montrèrent les premiers l'exemple de la rébellion. La
nuit du 3 avril 1750, Dupleix fut éveillé par un message d'Auteuil contenant les détails de cette défection
fatale.

La situation était désespérée et bien faite pour
abattre le plus ferme courage : l'armée entière en
état de dissolution à la merci d'un ennemi devenu
maintenant réellement formidable par la récente arrivée dans ses rangs d'un corps auxiliaire de troupes
britanniques! et tout ce désastre arrivant au moment
même où le succès semblait à la veille de réaliser les
desseins les plus gigantesques, depuis tant d'années
caressés en rêve !

Dans cette terrible crise, Dupleix, désireux avant
tout d'éviter l'impression désastreuse que causerait
la défaite de son armée, eut la rare présence d'esprit
de songer à essayer, par un trait d'audace, d'effrayer
Nazir-Jung, au point de lui faire signer un traité
qui aurait pour effet d'enlever au prince indien la
victoire à laquelle il touchait alors du doigt. Ce qu'il
y a de plus étonnant, c'est que le soubahdar prêta
volontiers l'oreille aux insidieuses propositions de
Dupleix, et qu'il était sur le point de signer un traité,
quand les officiers français, informés de ce qui se

passait, et décidés à ne pas laisser perdre la chance qui s'offrait à eux de soutirer de l'argent à la compagnie, donnèrent le signal de la révolte en déposant leurs démissions en masse; si bien qu'Auteuil, pour prévenir l'entier anéantissement de l'armée, se vit obligé d'opérer de son mieux une retraite immédiate sur Pondichéry. Chunda-Sahib le suivit, mais Mozuffer-Jung, qui se comportait plus noblement que la plupart de ses compatriotes, tomba aux mains des troupes de son parent et compétiteur engagées à sa poursuite.

Pendant ce temps, Dupleix, ravi du succès de sa tentative d'intimidation sur Nazir-Jung, attendait anxieusement à Pondichéry l'arrivée de son messager avec le traité signé, quand un serviteur indien, tremblant de peur, se précipita dans l'appartement en s'écriant que les troupes françaises venaient d'être taillées en pièces. L'instant d'après, le cri : « Les Mahrattes! les Mahrattes! » retentissait dans les rues, et les habitants se sauvaient partout sous l'impression que les redoutés maraudeurs franchissaient au galop les portes de la ville. Cette panique était due aux nouvelles exagérées à dessein, répandues par les officiers qui avaient lâchement abandonné la partie et avaient été les premiers à regagner Pondichéry. Dupleix fit tout d'abord arrêter les déserteurs et partit en toute hâte au-devant de l'armée. Il la trouva blottie comme un troupeau de moutons

derrière les palissades qui entouraient le territoire
de Pondichéry. Les pertes avaient été insignifiantes,
mais le découragement et l'accablement des hommes
étaient tels que, dans leur terreur folle, ils oubliaient
totalement que l'ennemi n'avait été pour rien dans
leur retraite.

Le courage de Dupleix semblait grandir dans
l'adversité. Bien convaincu que sa confiance en lui-
même pouvait seule donner aux autres celle qui leur
manquait, il ne laissa jamais percer au dehors les
anxiétés de son cœur. Aucune manifestation de l'arrogance maintenant croissante de Nazir-Jung ne put
lui faire renoncer à poursuivre les négociations
entamées, seul moyen, selon lui, de recouvrer sa
position. De nouveaux messagers furent dépêchés au
camp indien avec les instructions secrètes de chercher par tous les moyens possibles à fomenter des
dissensions parmi les partisans du soubahdar. Sur
ce point ils réussirent à souhait, et tandis que
Dupleix s'appliquait à moraliser et à exercer ses soldats, ses plénipotentiaires organisaient des complots
avec les radjahs du camp ennemi. Par de justes puni-
tions infligées aux meneurs, mais surtout par son
exemple, Dupleix obtint merveille de ses troupes. Il
jugea bientôt le moment venu de les récompenser,
par un succès militaire, de leur confiance et de leur
zèle. Une attaque de nuit parfaitement conçue fut
en conséquence exécutée sur le camp de Nazir-

Jung. Trois cents français se jetèrent, à la pointe de l'aube, sur les Indiens endormis et encore sous l'impression des fumées de leurs narcotiques. La terreur de l'ennemi fut telle que le soubahdar, aussi tremblant maintenant qu'il était arrogant la veille, s'enfuit tout d'une traite à Arcot.

VI

Ce brillant fait d'armes fut immédiatement suivi de la mise à exécution du vaste plan longtemps mûri par Dupleix. A l'embouchure de la rivière Kristnah, dans une des plus riches contrées de l'Inde, se trouve Masulipatam, où les Français avaient eu une petite factorerie récemment détruite par Nazir-Jung. Dupleix y envoya secrètement par mer des troupes qui attaquèrent la ville, s'emparèrent de toutes les valeurs commerciales les plus précieuses, et menacèrent les derrières du soubahdar.

Presque à la même heure, un autre exploit jetait la consternation chez les Indiens, exploit dû à un jeune officier français doué des plus brillantes qualités de l'homme de guerre et du politique. Ce jeune homme était le marquis de Bussy (1), qui, ayant perdu

______

(1) Il s'appelait Charles-Joseph Patissier, marquis de Bussy-Castelnau. Il était né en 1719, à Bussy, près Soissons.

son père tout enfant et n'ayant à peu près pour
tout bien que son blason, était venu chercher fortune dans les Indes, où il avait servi dans l'origine
à l'île de France sous La Bourdonnais, qu'il avait
suivi à Madras. Le marquis de Bussy offrait un frappant contraste avec la plupart de ses camarades les
officiers de la compagnie. Aux manières les plus
séduisantes, à l'esprit le plus entreprenant, il joignait un grand amour de l'étude, et il avait fini par
connaître à fond l'histoire, les mœurs et la langue
de l'Inde. Les éminentes qualités du jeune officier
éveillèrent toutes les sympathies de cœur de Dupleix ;
il lui donna toute sa confiance et le traita comme un
fils. La promptitude à apprécier le mérite et à le
reconnaître ouvertement, sans le plus petit sentiment de jalousie personnelle, est en effet un des
traits saillants du grand caractère de l'illustre gouverneur.

A Bussy fut confié le soin périlleux de s'emparer par surprise, à la tête de quelques centaines
d'hommes, de la formidable citadelle de Gingi, ré-
putée imprenable par les Indiens. La bravoure et
l'habileté dont il fit preuve justifièrent la confiance
placée en lui. Un pétard, appliqué d'une main sûre
contre la porte de la ville, la fit sauter, et après
avoir jusqu'au soir soutenu dans les rues étroites un
combat désespéré, Bussy, à la faveur des ténèbres,
escalada le sombre roc au haut duquel était perchée

la forteresse. Quand, le lendemain, il examina de près sa conquête, il fut lui-même étonné de son succès. Aussi comprend-on que le bruit de cet exploit ait frappé de stupeur Nazir-Jung au milieu de ses orgies d'Arcot. Ce prince, l'oreille basse, envoya à Pondichéry une ambassade chargée de souscrire aux dernières propositions de Dupleix.

D'un autre côté, un événement survenu dans cette conjoncture, et qui fit craindre aux radjahs conspirateurs que leur trahison ne fût découverte, les décida tout à coup à donner à M. de la Touche, l'officier chargé du gouvernement de Gingi, le signal convenu à l'avance pour tomber sur le camp. Cet officier ne cessa plus tard de déclarer qu'il ignorait complétement le traité qu'à cette heure les plénipotentiaires de Nazir-Jung concluaient avec Dupleix. En conséquence, la nuit du 15 décembre 1750, la Touche fit une sortie et atteignit, vers l'aube, le camp indien.

L'alarme ayant été donnée par une grand'garde de cavaliers, les Français chargèrent immédiatement, mais ils rencontrèrent une résistance plus solide qu'ils ne s'y attendaient de la part des Asiatiques. Nazir-Jung refusa d'abord de croire à ce qui arrivait, mais quand le doute ne fut plus possible, il se comporta assez bravement. Il prit position au milieu de son immense artillerie, laquelle, bien que maladroitement servie, n'ouvrit pas moins un feu formidable contre les Français — une poignée d'hommes, — blessant entre autres M. de Bussy. A côté de lui, le soubahdar avait fait placer son malheureux prisonnier Mozuffer-Jung, avec menace de lui faire couper la tête au moindre signe de trahison.

Au plus fort du combat, Nazir-Jung aperçut un corps des siens qui battait en retraite; c'étaient les contingents des radjahs conspirateurs. Furieux d'une pareille conduite, le prince piqua vers eux son éléphant, et interpellant leur commandant, il le traitait de traître, quand un coup de feu le jeta à bas de son houdah avec trois balles dans la poitrine. L'instant d'après, sa tête était promenée, au bout d'une pique, au milieu d'assourdissants vivat pour Mozuffer-Jung, qui, de tremblante victime placée sous le glaive du bourreau, fut hissé sur l'éléphant de cérémonie caparaçonné d'or d'où venait de tomber son rival, et proclamé, au bruit des clairons et des cymbales, soubahdar du Décan.

Ce fut un changement à vue vraiment magique. En un clin d'œil, une poignée d'Européens, enfants perdus, qui étaient entrés en campagne sans autre idée que d'infliger un échec à un ennemi, se trouvèrent, à leur immense étonnement, maîtres absolus du Karnatic et suzerains de fait de toute l'Inde, de Madura au Nerbeddah. Avant le coucher du soleil, Dupleix reçut la nouvelle de cette immense victoire qui réalisait ses espérances d'une manière si inattendue.

La grandeur de l'événement dépassait, à vrai dire, toute limite. Dupleix montra encore ici qu'il connaissait à fond le caractère indien par la pompe éclatante avec laquelle il célébra la victoire, allant même jusqu'à fonder sur le champ de bataille une ville destinée à en perpétuer la mémoire dans les âges futurs. Redisons-le : des raisons d'État le guidèrent seules en ceci, et non le vertige d'une vaniteuse présomption et d'une ridicule gloriole. Les émotions intimes qui l'assaillirent en présence de ce succès énorme, survenant tout à coup après tant d'anxiété d'esprit, furent d'une tout autre nature. On les trouve exprimées avec une simplicité touchante dans une lettre qu'il adressa aux directeurs le 15 février 1751. Il y rappelle qu'il ne s'est épargné ni soucis ni peines, qu'il a même engagé jusqu'à son dernier sou ; mais la Providence a couronné ses efforts, et maintenant il ne les compte plus pour rien, heureux qu'il est s'ils ont pu contribuer à l'avantage et à la gloire de son pays et de son roi.

Mozuffer-Jung courut à Pondichéry ; il y fut traité selon toutes les règles du cérémonial appartenant au rang qui désormais était le sien. Grand fut son ravissement de recevoir de ces puissants Français les mêmes marques de déférence auxquelles il était

accoutumé de la part de ses sujets indigènes, et dès
ce moment il devint de lui-même, pour toutes les
affaires essentielles, une simple machine entre les
mains habiles de Dupleix.

Plus que jamais convaincu, par l'expérience des
derniers événements, que la suprématie européenne
dans l'Inde était et chose possible et le seul moyen
d'assurer l'ordre dans le pays, Dupleix commença
résolûment à donner corps à ses idées. Bien que
sûr désormais de pouvoir facilement battre les armées indiennes sur le terrain de la guerre, il n'en
sentait pas moins très-vivement la nécessité, pour se
maintenir dans le pays d'une façon permanente, de
respecter des coutumes sacrées, et de fonder un
protectorat européen sur un titre dérivé d'une auto-
torité non suspecte aux indigènes. En conséquence,
il s'attacha à revêtir de titres comparativement
humbles les fonctions et les droits qu'il prétendait
exercer; il tint à ce qu'ils fussent conférés par le
Grand Mogol, ou au moins par ses représentants, et
à ce que ces fonctions et ces titres emportassent
avec eux des dignités bien connues des Hindous, et
calculées pour désarmer leurs soupçons et leur jalousie de tout empiétement profane. Un protectorat
absolu dans son essence, et néanmoins se pliant autant que possible aux habitudes et aux sentiments
des indigènes, tel était l'objet que poursuivait Dupleix. C'est ainsi seulement qu'il croyait possible

un empire européen dans l'Inde, et c'est dans ce sens qu'avec une netteté de vues et une promptitude d'action qui prouvaient combien il s'était préparé pour l'événement, il travailla dès lors à profiter de l'occasion favorable à lui offerte par la victoire.

L'entrevue de Dupleix et de Mozuffer-Jung fut pleine de pompe et de grandeur. Le prince indien, ému aux larmes, témoigna publiquement sa reconnaissance sans bornes envers un protecteur dont les désirs, déclara-t-il, seraient désormais sa loi. Il lui remit en même temps le trésor pris dans le camp de Nazir-Jung, le chargeant de faire droit comme il l'entendrait aux demandes de récompenses élevées par les personnages ayant trempé dans la conjuration. Dupleix manda ces hommes devant son tribunal, et, après les avoir forcés à acquiescer à sa décision, il rendit au prince ses monceaux de pierres précieuses et de joyaux, sans en garder la plus petite part.

Sous une tente splendide plantée sur la place principale de Pondichéry, tendue des plus riches étoffes de l'Inde et meublée de toutes les somptuosités du luxe oriental, Mozuffer-Jung fut solennellement investi de la dignité de soubahdar du Décan, devant une assemblée compacte de radjahs et de nababs avec leur suite, — Mongols, Hindous, Mahrattes, — et cela dans des circonstances qui ne pouvaient manquer de démontrer d'une manière évidente sa dépendance de la France. Prenant le pas sur tous, Dupleix s'avança le premier pour présenter l'offrande accoutumée de vingt et une pièces d'or, et saluer Mozuffer-Jung du titre de soubahdar. Aussitôt le prince, se précipitant à la rencontre de son protecteur, se jeta dans ses bras et le conduisit à un siége à côté du sien. Alors vint défiler devant eux le long cortége des hauts personnages admis à se prosterner devant le soubahdar et à déposer au pied de son trône leurs hommages et leurs présents.

Cette cérémonie achevée, Mozuffer-Jung se leva et déclara à haute voix que, se contentant pour lui-même du pays situé au delà du Kristnah, il nommait Dupleix nabab de toute la partie de l'Inde comprise entre cette rivière et le cap Comorin, lui accordait à lui personnellement, à titre de fief, Valdour avec une allocation annuelle, et confirmait les droits de la compagnie sur Masulipatam, avec le privilége additionnel de frapper monnaie, privilége qui, dans l'Inde, était une prérogative de l'autorité souveraine. Se tournant ensuite vers Dupleix, comme s'il avait eu à cœur, avant tout, de faire publiquement envers lui acte de dépendance, il protesta qu'il n'accorderait jamais une faveur quelconque sans la préalable approbation du gouverneur français.

Ce fut au tour de Dupleix de répondre comme il convenait à une pareille munificence. Faisant signe à son vieil allié Chunda-Sahib, qui était dans la foule des assistants, il alla le prendre par la main, et, le présentant au soubahdar, il déclara que le premier acte de son pouvoir, comme nabab du Karnatic, était de déléguer à cet ami éprouvé tous les priviléges et les émoluments de sa dignité. La politique naturellement avait plus de part dans cette détermination qu'une affection extraordinaire pour le remuant Asiatique. L'impression toutefois fut immense, et l'acte, quels qu'en aient été les secrets motifs, est un trait caractéristique de la généreuse nature et du grand cœur de son auteur. Jamais Dupleix n'oublia ni ne négligea ses amis, et on le vit plus tard, quand il fut réduit à la misère par l'ingratitude de ceux qu'il avait si bien servis, partager son dernier écu et son dernier morceau de pain avec les hommes qu'il avait involontairement entraînés dans ses désastres.

La fête terminée, Dupleix se mit à l'œuvre avec ardeur pour consolider ses conquêtes. Mohamed-Ali était derechef parvenu à rentrer dans Tritchinapali, et Dupleix, désireux d'empêcher dans ces parages une lutte prolongée qui entamerait ses ressources et pourrait, en fin de compte, amener les Anglais dans la lice, offrit au prince indien des conditions libérales que celui-ci se déclara prêt à accepter. Se croyant donc libre d'embarras de ce côté, il concentra toute son attention sur l'entreprise hasardeuse de mettre Mozuffer-Jung en possession du Décan, disputé par Ghadzi-oud-din, qui, de date récente, s'était imposé comme vizir au Grand Mogol, ce misérable simulacre d'empereur de Delhi, et qui était soutenu par d'immenses trésors et par d'innombrables hordes guerrières de Mahrattes.

L'entreprise, suffisamment formidable déjà, eu égard surtout aux faibles moyens dont disposait Dupleix, le devenait plus encore en raison des difficultés physiques dont elle était hérissée. Il s'agissait de combattre avec une poignée d'Européens toutes les forces de l'Inde, à quelque deux cent cinquante lieues dans l'intérieur d'un continent non encore exploré, sans moyens assurés de communications avec la côte, et sans autre allié qu'un prétendant dénué lui-même de toute puissance efficace. Depuis Alexandre, il n'avait pas été conçu d'expédition aussi audacieuse que celle dans laquelle Dupleix avait eu en ce moment la témérité de se lancer, et que Bussy ne craignit pas de tenter avec trois cents Européens, deux mille cipayes et dix pièces de canon pour toute armée.

On comprend que des négociants parisiens, d'un esprit quelque peu épais et de tendances particulièrement parcimonieuses, aient été jetés hors des gonds en apprenant de pareilles choses, et aient cru leur gouverneur devenu fou. Dupleix toutefois avait pris ses précautions pour ne pas compromettre dans ce coup de dés les intérêts pécuniaires de la compagnie. Le trésor de Mozuffer-Jung étant, comme à l'ordinaire, mal approvisionné d'espèces, Dupleix lui prêta l'argent indispensable contre la consignation entre ses mains de certains territoires dont il ferait percevoir les revenus par ses propres employés jusqu'à parfait payement de la dette.

A peine l'expédition avait-elle fait soixante lieues que, sans la prompte décision de Bussy, le projet de Dupleix eût été coulé bas. A vrai dire, le rôle joué du commencement à la fin par Bussy est si brillant qu'on ne peut guère mettre Bussy au-dessous de Dupleix lui-même. Il y avait à certains égards une analogie frappante entre leurs deux caractères dans leur commune supériorité sur le triste type de la plupart de leurs compatriotes au service de l'Inde. Bussy, comme Dupleix, était une nature excessivement distinguée ; il avait cette haute éducation qui unit la grâce à la force, et les charmes de la séduction à une énergique volonté ; cependant pour la noblesse du caractère, pour ce désintéressement élevé qui ne renie jamais un ami et ne laisse jamais arrêter ses généreux élans par les calculs de la prudence, il ne se montra pas à la même hauteur que Dupleix. Du moins semble-t-il vers la fin avoir laissé refroidir son affection pour l'homme qu'il avait certainement en admiration lorsque celui-ci était au comble de la prospérité, et de la nièce duquel il avait recherché la main.

On vient de voir que le projet du Dupleix embrassait la double nomination du nabab du Karnatic et du soubahdar du Décan, titre sous lequel on entendait désigner le personnage investi par le Grand Mogol de la vice-royauté de l'Inde centrale. Mais pour le faire réussir il fallait traverser l'Inde jusqu'à Aurengabad, siége du gouvernement du soubahdar; c'est cette audacieuse entreprise que Dupleix avait confiée à Bussy, et que Bussy n'avait pas hésité à accepter. On avait trouvé un prétendant dans la personne de Mozuffer-Jung. Le 7 janvier 1751, Bussy partit de Pondichéry pour se mettre à la tête du petit contingent français. Il n'y avait pas plus de trois semaines qu'ils étaient entrés en campagne que survint un événement qui, sans l'admirable présence d'esprit de Bussy, aurait mis fin à toute l'entreprise. Une sédition ourdie par un certain nombre de nobles éclata; Mozuffer y fut tué; mais, avant que les conspirateurs eussent pu concerter leurs mesures, Bussy tira de la captivité le frère du défunt, Salabat-Jung, et le proclama soubahdar, comme étant le plus proche héritier de Mozuffer. Tout cela fut fait avec une résolution et une promptitude merveilleuses. Ainsi transformé de prisonnier en souverain de trente-cinq millions d'hommes par le fait d'un Français qui n'avait que trois cents Européens à sa suite, Salabat-Jung, escorté de Bussy, gagna, après six mois de marche, la ville d'Aurengabad, où eut lieu la cérémonie solennelle de son investiture par un firman fabriqué, dit-on, de toutes pièces pour la circonstance et qu'on s'efforça de faire croire émané de Delhi.

VII

Il semblerait que, parvenus à leurs fins, les troupes françaises eussent dû se retirer; mais de Pondichéry arrivèrent à Bussy de nouvelles instructions où se révélait pour la première fois la grandeur des projets de Dupleix. Ces deux hommes, éminemment capables et hardis, avaient parfaitement compris quelle formidable puissance étaient les tribus mahrattes, et de quels dangers cette puissance menaçait l'ascendant européen. Leur correspondance confidentielle est pleine de ce sujet. Dans une de ses lettres, Bussy donne comme étant de sa part une ferme conviction, qu'il n'est pas dans l'Inde de force indigène qui puisse empêcher les Mahrattes d'usurper l'empire vermoulu des Mogols. Briser par conséquent, alors qu'il était encore à l'état de germe, cet élément de danger, devenait une nécessité impérieuse. Dupleix résolut de le faire, en profitant des avantages de la position militaire qu'il s'était assurée dans le Décan, au cœur du continent indien.

Son plan était que Bussy envahît sans hésiter le pays des Mahrattes de son côté, tandis qu'une autre expédition attaquerait par Surate, où les Français avaient établi un petit comptoir, mais dont Dupleix voulait obtenir du Grand Mogol la cession en forme.

Située entre le Guzzerate, le Malouah et le sud du pays mahratte, Surate, dans les idées de Dupleix, devait devenir un poste de premier ordre et pour le commerce et pour la guerre, un poste devant être à la fois un marché et une forteresse destinée à tenir en bride les turbulents Mahrattes, et écarter les dangers de l'influence anglaise appuyée sur Bombay. Mais comme Dupleix savait parfaitement que les directeurs ne se chargeraient jamais de l'armée indispensable au succès de ses vastes projets, il eut recours à sa politique favorite de faire payer à ses victimes les frais de leur asservissement.

Quelle qu'en ait été l'origine, il ne tarda pas à devenir manifeste que le fameux firman d'investiture qu'on avait fait briller à Aurengabad n'assurait pas la reconnaissance de Salabat. Le prince avait à peine atteint cette ville, qu'il se vit menacé d'une irruption de Mahrattes qui venaient de former une alliance avec son propre frère Ghadzi-oud-din, grand vizir du Mogol. Un terrible danger allait fondre sur le faible sybarite oriental. Mais Bussy était là pour soutenir sa faiblesse, et la présence personnelle du commandant français suffit pour faire accepter l'hé roïque proposition de laisser le Décan prendre soin de lui-même, de marcher droit au cœur du pays des Mahrattes, et d'aller faire la paix à Pounah. Les Mahrattes comptaient cent mille hommes, les meilleures troupes de l'Inde ; d'un autre côté, Ghadzi-oud-din en conduisait cent cinquante mille. Cependant Bussy, limité à sa poignée primitive de Français formant le noyau de la peu belliqueuse cohue dont se compose une armée indienne, n'hésita pas à persister dans le hardi projet en question, qui d'ailleurs était au moins autant le sien que celui de Dupleix.

On n'eut pas de peine à persuader au simple Salabat-Jung de prendre à son service d'une manière permanente les troupes de Bussy, c'est-à-dire d'implanter au cœur de l'Inde un corps qui dominerait l'État, et sur lequel, en raison de ses liens européens, on pourrait toujours compter pour servir les intérêts de la compagnie. L'analogie qu'on observe entre ceci et le contingent organisé par les Anglais dans le pays du Nizam est frappante. Quoi qu'il en soit, une très-petite partie de ce vaste plan put être essayée. Des circonstances qui passèrent d'abord inaperçues, et ensuite des influences hostiles parties d'un point auquel on avait le moins sujet de songer, vinrent accabler Dupleix au milieu de son ambitieuse carrière.

Au commencement de 1752, Bussy, comme

BUSSY DEVANT POUNAH.

c'était convenu, ouvrit la campagne et remporta de brillants succès. Quelques mois lui suffirent pour arriver en vainqueur à dix lieues de Pounah, où le peishwa signa humblement un traité qui concédait à perpétuité à la compagnie la riche province de Condavir, limitrophe de son territoire de Masulipatam.

Deux idées principales guidèrent Bussy dans tous ses actes dans le Décan : l'une était d'asseoir son autorité sur une base morale plus sentie que visible; l'autre d'aider Dupleix dans son projet d'affermir la puissance de la France dans le Karnatic. La manière dont il réalisa la première est un exemple mémorable de ce que peut accomplir l'influence de l'ascendant personnel. Bussy n'assuma aucune autorité extérieure, ne se revêtit d'aucun pouvoir apparent, ce qui ne l'empêcha pas d'être le véritable dictateur du Décan. Il ménagea avec soin les chatouilleuses susceptibilités des Hindous; l'ensemble du gouvernement, du moins dans tout ce qui s'en peut voir, demeura confié à des mains indigènes. Le général français se contenta de la substance de l'autorité; il savait se mettre au-dessus du souci de la pompe extérieure du cérémonial. Ce fut un pouvoir impalpable, mais bien réel, qu'il parvint ainsi à s'assurer.

Quelque éclatant que fût le succès, la paix ne fut pas saluée avec plus d'empressement par les Mahrattes que par Bussy, qui non-seulement n'avait reçu aucune coopération de Dupleix, mais que celui-ci avait instamment appelé à son secours. Ce secours, Bussy espérait le lui apporter en signant la paix; mais, sans parler du danger toujours présent de voir Ghadzi-oud-din sortir de Delhi, lui-même aussi était environné de périls qui, non soupçonnés d'abord, menaçaient maintenant d'une manière sérieuse sa position, isolé qu'il était dans l'intérieur du continent indien et loin de toute assistance européenne.

Un vaste complot s'était tramé à la cour de Salabat-Jung pour l'extermination des Français. Il n'est pas d'éloge qu'on ne puisse donner au courage et au sang-froid de Bussy dans cette situation critique. L'inévitable conséquence, cependant, était l'indispensable nécessité pour lui de rester dans le Décan. En agissant de la sorte, il eut le mérite de tenir en respect, par son influence et son ascendant personnels, avec l'aide d'une poignée de Français, l'Inde centrale tout entière. Mais, d'un autre côté (ce qu'il ne pouvait pas prévoir), son absence privait Dupleix du seul homme de guerre qui eût été de taille à tenir tête à Clive, et qui peut-être eût pu terminer à propos une lutte inattendue, dans laquelle la fortune de Dupleix s'en allait en ruine.

La lutte en question avait Tritchinapali pour théâtre et pour enjeu, Tritchinapali, que Dupleix

s'imaginait déjà tenir quand il embarqua Bussy
dans sa périlleuse entreprise. Comptant sur une
promesse d'assistance de la part des Anglais, Mohamed-Ali avait rompu son traité avec Dupleix, qui
immédiatement avait pris contre lui de vigoureuses
mesures. L'expédition de Bussy toutefois avait singulièrement affaibli les Français, et Auteuil avait
eu à attaquer la formidable forteresse avec un corps
de troupes qui ne comptait que quatre cents Européens et quelques noirs de l'île de France. Les
succès des Français avaient eu pour résultat d'en-
flammer le conseil anglais; un effort sérieux en
faveur de Mohamed-Ali avait été résolu, et un contingent anglais, sous le commandement du capitaine
Gingent, envoyé en conséquence au secours du
prince indien.

A Valcanda, Français et Anglais se rencontrèrent,
et ces derniers furent pris, officiers et soldats,
d'une si scandaleuse panique, qu'ils se débandèrent
et s'enfuirent honteusement, tandis que les cipayes
se retirèrent au moins en bon ordre. Dupleix comprit qu'il fallait se hâter et, comme on dit, frapper
le fer tandis qu'il était chaud; il envoya ses ordres
les plus précis de n'épargner aucun effort pour
prendre la ville d'assaut. Mais Auteuil, bien que
brave soldat, était trop perclus de goutte pour
remplir les fonctions de commandant d'un corps
peu discipliné. Irrité de la lenteur de ses opéra-

tions, Dupleix déposa Auteuil et donna le commandement en chef à M. Law, un neveu du financier écossais, jeune homme qui, dès l'âge le plus tendre, avait été élevé en France. Le choix n'était pas heureux, mais ce qui pouvait lui servir quelque peu d'excuse, c'est que ce jeune officier était venu de France avec les recommandations les plus pressantes des directeurs de la compagnie.

En arrivant devant la place, Law, qui, à l'en croire, devait tout emporter en un clin d'œil, trouva Tritchinapali une citadelle assez forte pour requérir un blocus, et il poussa ce blocus avec une vigueur qui fit adresser, par la garnison aux abois, une pressante demande de secours au conseil anglais. La position prise par les Français faisait du ravitaillement de la place une entreprise chanceuse, et M. Saunders, le gouverneur anglais, fit preuve de jugement en confiant ce soin au lieutenant Clive. Faisant un circuit de plusieurs lieues, Clive réussit à introduire ses convois dans la ville; mais il fit de l'état où elle se trouvait un si triste récit, que Saunders adopta sa proposition de détourner les efforts des assiégeants par une attaque hardie contre Arcot, la capitale de Chunda-Sahib.

Le succès de ce mouvement stratégique fut complet. A la nouvelle qu'Arcot était au pouvoir de ces Anglais qui, par leurs échecs militaires, étaient devenus le point de mire des railleries de leurs présomptueux antagonistes, Chunda-Sahib, sourd à toute remontrance, détacha de l'armée assiégeante une force considérable avec laquelle il chargea son fils d'aller immédiatement délivrer sa capitale. En même temps l'infatigable Saunders persuadait au roi de Maïsour de venir au secours de Mohamed-Ali avec une armée qui, par le nombre au moins, était formidable.

Ce fut avec une anxiété douloureuse que Dupleix vit grandir et s'amonceler autour de lui les éléments de la résistance, alors que son général n'avançait pas d'une semelle, en dépit des amples ressources que son incessante activité avait mises à sa disposition. Ce que Dupleix avait toujours le plus redouté dès l'origine, et ce qu'il avait tout fait pour éloigner, allait se produire : la lutte, une lutte désespérée entre les Français et les Anglais était désormais inévitable, il le voyait enfin clairement.

Il ne s'était montré si pressé dès le début de s'emparer de la place de Tritchinapali avant que les Anglais vinssent la secourir et entrassent ouvertement en lice, que parce qu'il sentait que si pareille chose arrivait avant que sa suprématie fût solidement établie dans l'Inde, il serait abandonné par les directeurs de Paris. Que si, au contraire, tandis que les Anglais étaient encore sous le coup de leurs premiers échecs, il réussissait, par de rapides surprises, à établir son autorité sur les principales puissances indigènes, il comptait que la compagnie ratifierait les grandes choses qu'il aurait accomplies par lui-même. Pour cela il fallait convaincre les directeurs, par une suite non interrompue de succès, de l'excellence de sa politique; or, ces succès, il le prévoyait, deviendraient singulièrement problématiques le jour où il aurait à combattre avec ses seules ressources les Anglais aussi bien que les Indiens. L'incompétence de ses officiers lui faisait évidemment perdre les avantages de ces surprises audacieuses, de ces coups hardis sur lesquels il avait surtout compté pour la réussite.

Mais les difficultés croissantes semblaient autant de stimulants pour Dupleix. Par d'incroyables efforts, il arriva à porter à trois mille hommes le chiffre des troupes régulières de Law et, prodige plus grand encore, à réunir un parc d'artillerie de cinquante bouches à feu. Il est certain qu'avec la plus simple dose de talent ordinaire Law se fût aisément rendu maître de Tritchinapali. Malheureusement il ne comprenait absolument rien à l'art de la guerre, et il persistait obstinément à ne vouloir prendre conseil de personne. Cependant, malgré toutes ces fautes, le blocus auquel Law se bornait réduisit la garnison à une telle extrémité, que Dupleix croyait la capitulation inévitable; et elle aurait eu lieu en effet, sans le brillant fait d'armes de Clives et l'inexplicable conduite de Law.

Clive, avec des forces inférieures, entreprit de franchir les lignes françaises et de jeter des renforts dans la place. Dupleix, dont la vigilance ne s'endormait jamais, et qui, au moyen d'espions et d'émissaires indigènes, se tenait toujours au courant de ce qui se passait, informa Law de tout ce qui avait trait à l'expédition que méditait Clive. Jamais général ne fut plus complétement renseigné que ne le fut Law en cette circonstance sur tout ce qui pouvait l'intéresser. Cela pourtant n'empêcha pas que Clive, malgré l'infériorité de ses forces et l'embarras de convois encombrants, non-seulement n'entrât dans Tritchinapali, mais ne battît même son adversaire au point de lui en faire perdre la tête.

A son grand désespoir et à sa non moins grande stupéfaction, Dupleix reçut de Law la nouvelle qu'il se trouvait tout à coup dans une passe telle qu'il ne lui restait plus qu'à renoncer au siége, et qu'en conséquence il se disposait à se retirer avec ses troupes dans l'île de Seringham pour y attendre du secours. En vain Dupleix, au reçu de cette étrange dépêche, envoya un messager à Law, avec l'ordre formel, s'il lui fallait abandonner le siége, de se retirer au moins sur Pondichéry, et non pas de commettre l'inconcevable bévue de s'enfermer dans une île à la discrétion de l'ennemi. Quand le messager arriva, Law était déjà dans l'île, d'où il attendait tranquillement qu'on vînt le tirer d'affaire.

Jamais l'inébranlable dévouement de Dupleix aux intérêts publics ne se montra plus éclatant que dans cette circonstance. Toute sa prodigieuse énergie se concentra sur la tâche de tirer Law et son armée de leur dangereuse position, et pour l'accomplir aucun sacrifice ne lui coûta. Ce fut alors qu'il engagea non-seulement sa fortune privée, mais encore son crédit, et cela pour des sommes énormes, afin de se procurer sans délai des hommes et des approvisionnements. Que de fois il souhaita alors d'avoir Bussy sous la main pour le mettre à la tête des troupes de secours qu'il organisait! Mais, nous l'avons dit, Bussy était bien loin dans l'intérieur, occupé lui aussi à une rude tâche, celle de surveiller et de maintenir dans l'ordre toute la population du Décan.

Faute de mieux, Dupleix confia le commandement de cette nouvelle force — véritable création de ses veilles et de ses sueurs — au vieil Auteuil, brave gentilhomme, mais dont la maladie avait paralysé l'énergie devant une telle responsabilité. Répugnant à ces traits d'audace qui, en pareil cas, sont souvent le salut, Auteuil s'avança avec précaution vers Seringham, rencontra un corps d'Anglais, se battit mollement, puis fit prompte retraite en abandonnant Law à son sort, de peur de compromettre dans un engagement disproportionné les dernières troupes françaises de l'Inde. Le 1er juin 1752, trois mille Français, avec cinquante pièces d'artillerie, se rendaient aux Anglais. Au nombre des prisonniers était Chunda-Sahib, de la vie duquel le commandant du contingent de Maïsour avait répondu sous les serments les plus sacrés... ce qui ne l'empêcha pas, quelques heures plus tard, de faire traîtreusement et de sang-froid assassiner le malheureux et turbulent nabab.

On aurait pu supposer que ce désastre dût ralentir l'ardeur de Dupleix dans la poursuite de ses projets politiques, surtout en présence des dépêches peu encourageantes reçues par lui de Paris. Au lieu de tenir compte de ces sombres pronostics, le gouverneur ne songea qu'à continuer la lutte à outrance avec les petits renforts que venait, en même temps que ses dépêches, de lui apporter le convoi annuel de la compagnie. Un malentendu survenu entre les Anglais et Mohamed-Ali, et qu'il était parvenu à faire dégénérer en un positif désaccord, avait ranimé toutes ses espérances.

Ce fut à cette époque que madame Dupleix, au moyen de ses relations indiennes, rendit à son mari les services importants qui firent d'elle un éminent personnage politique. Au bout de quelques semaines, Dupleix avait réussi à rompre les formidables coalitions qu'avait organisées Saunders. Les Anglais, dégoûtés du manque de foi de leurs alliés, continuèrent bien les hostilités, mais d'une manière décousue et sans suite ; enfin, un an après le désastre de Seringham, un corps français, sous le commandement d'un nouveau chef, M. Maissou, était de nouveau sous les murs de Tritchinapali.

Un accident imprévu devait cette fois encore sauver les assiégés. Guidé par un déserteur indien, Maissou, avec autant d'adresse que de bravoure, essaya de s'emparer de la ville par une surprise de nuit. Déjà les ouvrages extérieurs avaient été escaladés avec succès, quand, par suite d'une de ces méprises si fréquentes dans l'obscurité, les troupes françaises firent fausse route. Il s'ensuivit pour elles une signalée défaite. Tous les assaillants furent ou tués, ou faits prisonniers, et pour la première fois Dupleix, dans le même moment, fort inquiet de ce qui se passait dans le Décan, crut à propos de chercher à faire la paix.

Au commencement de 1754, les commissaires anglais et français se réunirent à Sadras, établissement hollandais, pour traiter; mais, dès la première entrevue, les chances de succès s'évanouirent. Dupleix insistait sur la validité de son titre de nabab, tandis que Saunders faisait de la reconnaissance de Mohamed-Ali à cette dignité une condition *sine quâ non*. Plusieurs semaines de stériles discussions s'écoulèrent ainsi, quand Dupleix rompit soudain les négociations et en appela encore une fois au sort des armes.

Ce retour aux idées belliqueuses était évidemment

dû aux grandes nouvelles arrivées du Décan, nouvelles bien faites en effet pour stimuler la confiance d'un homme aussi hardi et aussi persévérant que Dupleix.

Nous avons laissé Bussy tenant en échec, par son infatigable vigilance, les complots et les sourdes machinations. Les anxiétés et un climat perfide finirent par avoir raison de ses forces physiques. Malade et à deux doigts de la mort, il se fit transporter, pendant l'été de 1753, à Masulipatam, pour y respirer les brises comparativement fortifiantes de la mer. Il resta là de longs mois, dans un état de prostration désespérée, et dévoré d'inquiétude sur le sort des compagnons qu'il avait laissés dans le Décan.

Le départ de Bussy avait donné du courage à ses adversaires. Chaque message qui arrivait de l'intérieur apportait des nouvelles de mauvais augure, et la poignée de Français isolée à la cour de Salabat-Jung semblait à chaque instant menacée d'être massacrée. Peut-être l'abattement physique résultant de la maladie avait-il fait envisager les choses trop en noir à Bussy. Ses lettres privées à Dupleix, à cette époque, plaident sérieusement pour la paix et insistent sur l'impossibilité de continuer sur les bases de l'ancienne politique; tandis que Dupleix, avec une imperturbable énergie, ne cesse de conseiller de nouveaux efforts. Cette différence d'opinion toutefois non-seulement n'affecta en rien leurs rapports personnels, mais de nouveaux liens vinrent encore à ce moment même les resserrer davantage. Madame Dupleix avait de son premier mariage une fille dont Bussy sollicita la main, et le beau-père, paraît-il, mit à son consentement la condition que le jeune couple habiterait avec lui. La réponse de Bussy, datée du 9 mars 1754 et que conservent les descendants de Dupleix, est caractéristique des sentiments d'affection qui unissaient alors ces deux hommes.

« Votre lettre du 17 janvier, écrit Bussy, met le comble à mon bonheur ; je suis pénétré de la plus vive reconnaissance pour l'agrément que vous voulez bien donner pour obtenir mademoiselle Chonchon. J'ose me promettre que vous trouverez dans cette alliance toute la satisfaction que vous pouvez désirer et que je ne cesserai de vous donner tout le temps de ma vie. La première condition que vous exigez de moi est conforme à mon inclination, vous assurant que je sacrifierai tout au monde pour vivre avec vous et auprès de vous ; — pour la seconde, je vous donne ma parole d'honneur de faire à cet égard tout ce que vous exigerez de moi. Souffrez donc que je vous prie de me regarder dès aujourd'hui comme votre enfant. »

Comme on pouvait s'y attendre de la part d'un aussi noble caractère, Bussy, dès qu'il fut en état de se lever, prit en toute hâte la route du Décan. Rien n'est plus frappant que la promptitude avec laquelle Bussy, sans bruit et par le seul fait de sa présence aussi inattendue que redoutée, brisa tous les fils des intrigues de la trahison, effraya Salabat-Jung ainsi que ses affidés, et relevant de la poussière l'influence française, la mit à une hauteur à laquelle elle n'avait point encore atteint.

Lorsque Bussy était parti pour Masulipatam, il avait laissé ses troupes sous le commandement d'un officier qui, comme un trop grand nombre d'autres dans l'Inde, n'avait qu'une capacité très-inférieure. Rien n'eût pu être aussi facile, au moyen d'un mouvement combiné, que d'anéantir cette poignée de Français isolés. Mais la valeur d'hommes qui avaient osé attaquer les Mahrattes, et réussi à les battre, avait fait sur les esprits des indigènes la plus profonde impression. Syud-Luchkar-Khan avait jugé plus commode et plus sûr de les détruire en détail. Emmenant Salabat-Jung de Haïderabad à Aurengabad, de manière à le séparer des troupes françaises, il s'était arrangé pour éparpiller celles-ci en détachements, afin de les réduire ensuite par la famine en arrêtant tous les approvisionnements. Ce plan portait le cachet de toute la finesse, de toute la duplicité orientales. Il échoua précisément par excès d'habileté. Quoi qu'il en soit, cependant, les Français furent mis à deux doigts de leur perte, et l'acte le plus brillant de Bussy, c'est d'avoir, en cette occasion, sauvé ses compatriotes à peu près perdus.

Ce fut à Masulipatam, où il était encore malade, que Bussy reçut la nouvelle que ses soldats, éparpillés par petits groupes, étaient menacés de périr de faim. Dans le même temps, Dupleix lui envoyait des correspondances interceptées entre Syud-Luchkar et le gouverneur Saunders, lesquelles révélaient tout le complot. « Le sieur Bussy était un patriote trop zélé, écrit Dupleix, pour ne pas sacrifier jusqu'à sa santé même pour le bien de l'État. »

Sautant de son lit de douleur, Bussy se met en route pour le pays haut, et, avant que ses ennemis eussent eu vent de son départ, il arrive à Hyderabab, point sur lequel il avait donné l'ordre à tous ses détachements de se concentrer. De là, il fit une marche de huit cents kilomètres pour atteindre Aurengabad, où était Salabat avec ses ministres. Sans laisser paraître le moindre signe de mécontentement, sans exercer aucun acte de répression, Bussy entra dans la salle de réception du prince, absolument comme s'il fût revenu d'une simple excursion sur la côte, pendant laquelle il ne se serait rien produit d'extraordinaire.

L'effet de l'apparition de Bussy ne peut se comparer qu'à ces coups de théâtre des féeries, où l'entrée en scène de l'homme au talisman fait soudain s'évaporer en l'air toute une combinaison de forces contraires. Syud-Luchkar ne fut pas même privé de ses fonctions; on le laissa se consoler de sa déconfiture avec son rang et ses émoluments.

Beaucoup de gens trouveront qu'en agissant ainsi Bussy poussa la confiance en lui-même jusqu'aux dernières limites du possible; mais il ne faut pas perdre de vue que Bussy connaissait à fond les hommes auxquels il avait affaire, et qu'il ne se fit jamais l'illusion qu'il pouvait se reposer sur leur bonne foi. Ceci est clairement prouvé par l'unique mesure qu'il jugea à propos d'exiger. La subsistance des troupes françaises ne devait plus désormais dépendre du bon vouloir des autorités indigènes. Il devait être fait une concession de territoire qui assurerait, à l'avenir, aux Français une indépendance complète sous le rapport des approvisionnements dont ils auraient besoin. A vrai dire, cette concession fut princière, car elle comprenait le territoire appelé les *Cicars du nord*, d'une étendue de dix-sept mille milles géographiques, et avec un revenu d'environ dix millions de francs. Ce coup de maître rehaussait singulièrement la position des Français, et justifiait les plus flatteuses espérances pour l'avenir. Pour réaliser ces espérances, Bussy se rendit en toute hâte dans les nouvelles provinces, mais, auparavant, il prit ses précautions pour que Salabat-Jung ne lui échappât point.

« La veille de son départ, il survint un incident qui mérite d'être mentionné. Le soubahdar convoqua pour ce jour-là un grand conseil de ses ministres, et invita Bussy à y assister. Lorsque le chef français entra dans la salle, le soubahdar et ses nobles s'empressèrent de lui assurer que, comme ils comprenaient tous que ce n'était qu'à lui et à la valeur des Français qu'ils devaient la paix et la prospérité dont ils jouissaient actuellement, ils voulaient, avant qu'il partît pour la côte, lui jurer un attachement inviolable et une gratitude éternelle, en lui demandant, en retour, de leur promettre solennellement, sur le livre sacré des chrétiens, de leur continuer sa protection, et d'accourir de nouveau à leur aide lorsqu'ils seraient menacés par un ennemi. Une Bible fut alors apportée, et, en présence de tous, Bussy prêta le serment demandé. Ensuite, laissant derrière lui des officiers en qui il pouvait avoir confiance, il partit pour Masulipatam. Il y était quand l'arrivée de Godeheu à Pondichéry, le 1er août suivant, lui apporta la première nouvelle du coup fatal que la France elle-même avait porté à ses fils luttant pour elle dans l'Orient. » (Malleson, p. 374.)

VIII

Telles étaient les glorieuses informations qui arrivèrent à Dupleix au moment où, contre son gré, il discutait la paix à Sadras. Quoi d'étonnant qu'après l'immense succès du Décan il n'ait pu résister à la tentation d'essayer une fois de plus contre Tritchinapali un effort désespéré? Un nouveau corps de troupes françaises, flanqué d'une armée d'auxiliaires indigènes, revint donc prendre position sous Tritchinapali. Les efforts de Dupleix pour s'assurer le succès en cette circonstance furent véritablement gigantesques. Aucun sacrifice personnel d'argent et de peine n'arrêta son empressement à subvenir aux besoins publics, plus pressants qu'à l'ordinaire, en raison du retard exceptionnel du convoi annuel attendu d'Europe.

Les navires si ardemment désirés se montrèrent enfin à l'horizon au moment où arrivaient aussi de Tritchinapali des nouvelles grosses d'espérances. Mais ces navires si anxieusement attendus apportaient à Pondichéry un amer désappointement. L'arrivée du personnage nouveau qu'ils débarquèrent réduisit forcément à néant les plus brillantes visions de l'ardente ambition de Dupleix.

Le peu de disposition qu'avaient les directeurs d'Europe à suivre Dupleix dans sa politique aventureuse s'était changé en un parti pris formel de désaveu sous l'influence d'une panique due en grande partie à la sensation produite par les libelles mensongers dont La Bourdonnais, du fond de sa prison de la Bastille, avait l'art d'inonder Paris.

Avec tous les dehors d'une vraisemblance fascina-
trice, l'ex-gouverneur de l'île de France se repré-
sentait comme un type de vertu persécutée, comme
une infortunée victime pourchassée par un rival
vindicatif, à l'instigation duquel on le laissait lan-
guir sans jugement dans une reclusion cruelle. Ce
n'était même, à l'entendre, qu'à force de ruses in-
génieuses qu'il avait pu écrire sa défense, s'étant
fait, par exemple, une plume d'un morceau de
feuille de cuivre tordue, et de l'encre de résidu de
café.

L'effet produit par ces pamphlets sur l'esprit im-
pressionnable des Parisiens fut immense. La Bourdonnais et ses souffrances devinrent le thème de
toutes les conversations, l'objet des plus ardentes
sympathies. « Je ne puis vous exprimer combien les
libelles de La Bourdonnais ont fait d'impression sur
les esprits ici, et les Mémoires de Dupleix n'ont
fait guère changer de sentiment, écrit de Paris,
le 6 février 1757, Kerjean, le neveu de Dupleix.
Les Parisiens sont si prévenus en sa faveur, qu'il
faudrait faire des miracles pour les faire changer,
et je suis persuadé que quand il ira au spectacle,
on claquera des mains pour lui. »

Bien différente, pendant ce temps, avait été la
conduite de Dupleix, quoiqu'il connût parfaitement
le mauvais caractère de La Bourdonnais. Celui-ci,
en retournant en France, avait, avec son remar-

quable instinct du commerce, pris à Lisbonne
une part d'association dans une expédition commerciale organisée pour les mers de l'Inde. L'entreprise avait éprouvé des désastres, et, à la fin, le
seul navire qui restât du convoi avait été se réfugier
à Pondichéry, où Dupleix, animé d'une générosité
instinctive, s'était donné mille peines pour protéger
la propriété en danger de son ennemi. « Tous les
projets des sieurs Grenier et La Bourdonnais se
réduisent à un seul vaisseau qui est assez mal gou-
verné ; vous devez savoir cela mieux que moi. Ce
vaisseau est venu ici, et je l'ai reçu non comme un
vaisseau d'un ennemi, mais comme s'il avait ap-
partenu à mon frère. J'ai su qu'il était mal avec son
épouse à qui il doit tout. Cette singularité lui fera
plus de tort que tout le reste (1). »

Ce ne fut que quand la peur les eut positivement
gagnés, sous l'empire des assertions tranchantes de
La Bourdonnais, que les directeurs de la Compagnie
des Indes commencèrent à envoyer à Dupleix des
remontrances explicites — remontrances dont celui-
ci, le fait est certain, ne tint pas grand compte.
Dire, comme on l'a prétendu plus tard, que Dupleix agit tout le temps au mépris d'ordres positifs
et réitérés, c'est dire une fausseté. Ce qu'on ne
saurait nier, c'est qu'une fois lancé dans sa politi-

____

(1) Lettre à M. Briquon.

que ambitieuse, Dupleix ne reçut de France que des instructions froidement hésitantes, qui n'approuvaient ni ne blâmaient formellement. Inspirées qu'elles étaient non par la prudence, mais par un âpre désir de participer à tous les profits possibles, sans prendre aucune part des risques, il ne traita pas exactement ces communications suivant toutes les règles du respect officiel et ne dissimula pas toujours son mépris pour l'incompétence de leurs auteurs. Son excuse est dans le relâchement de discipline qui prévalait alors si généralement dans l'administration française; elle est surtout dans la nature exceptionnelle de sa position et dans la confiance en soi dont ne pouvait se défendre une intelligence d'élite comme la sienne.

Flottant ainsi perpétuellement entre des craintes enfantées par l'avarice et une soif immodérée de profits usuraires, les directeurs n'envoyèrent jamais une seule fois à Dupleix d'ordres nets et formels, jusqu'au moment où les étonnantes nouvelles de l'aventureuse expédition de Bussy, venant couronner l'immense sensation produite par les diatribes de La Bourdonnais, éveillèrent en eux les plus folles alarmes touchant leurs intérêts, et les firent, dans leur panique, courir entamer aussitôt à Londres avec la Compagnie anglaise des Indes orientales des négociations directes, avec la promesse de sacrifier Dupleix en holocauste à la paix.

Un commissaire revêtu d'une autorité suprême devait être envoyé dans l'Inde; mais, tourmentés par la crainte de voir Dupleix entrer en révolte ouverte, les directeurs donnèrent pour instruction caractéristique à ce commissaire de dissimuler d'abord l'étendue de ses pouvoirs. L'individu choisi fut l'ancien ami de Dupleix, Godeheu, qui, depuis son retour en Europe, s'était arrangé de manière à entretenir avec celui-ci une correspondance intime, ayant pour règle de ne jamais cesser de flatter les hommes au pouvoir et de ne jamais hésiter un instant à tourner le dos à ceux qui en descendaient. Un seul fait suffira pour montrer toute l'impudence effrontée de cette âme de sycophante. Un peu avant son départ pour l'Inde — où il afficha les austères vertus d'un Caton, — il avait écrit à Dupleix qu'il espérait bien « ne pas le voir faire la folie de suivre l'exemple de ses prédécesseurs et de rendre à la compagnie des donations à lui faites par les princes indigènes. Cette lettre rendue publique, Godeheu eut l'audace d'imprimer qu'il n'en éprouvait aucune contrition, ne l'ayant écrite que pour tendre un piége à Dupleix et l'amener à révéler ses actions coupables.

Tout d'abord les instructions de Godeheu concluaient à l'arrestation sans condition de Dupleix; mais les ministres du roi, qui n'étaient pas mus par les mêmes motifs personnels que les directeurs,

et qui, malgré tout, avaient quelque égard pour les
intérêts politiques de l'État, s'opposèrent formellement à cette mesure extrême. Godeheu fut investi
du droit de prendre connaissance de toutes les
affaires indiennes et du pouvoir discrétionnaire, en
cas de nécessité, de déposer Dupleix; mais il lui
était absolument défendu d'user envers lui de contrainte, à moins de résistance ouverte. Les ministres entendaient que Godeheu, autant et aussi longtemps que possible, se bornât aux fonctions de
coadjuteur, qu'il agît de concert avec Dupleix et
qu'il ne visât qu'à empêcher tout acte trop témé-
raire.

Godeheu, ayant relâché à l'île de France, écrivit
de là à Dupleix une lettre toute pleine de protestations d'amitié, et dans laquelle il dissimulait ses
intentions hostiles sous l'expression de la joie qu'il
éprouvait d'avoir été choisi pour coopérer avec un si
cher ami. Dupleix, lui, par l'empressement cordial
avec lequel il courut féliciter Godeheu à son arrivée,
prouva qu'il n'avait aucun soupçon jaloux, bien
qu'il fût très-surpris de trouver en lui le pointilleux
formalisme d'un récent parvenu. Refusant avec froi-
deur l'hospitalité que Dupleix le pressait d'accepter,
Godeheu resta à bord jusqu'à ce qu'une demeure
selon son rang lui pût être préparée. Alors seulement il daigna descendre à terre avec une suite
imposante et un grand déploiement de cérémonial.

Dupleix vint à sa rencontre sur le quai le féliciter publiquement.

La crainte d'une résistance armée s'était tellement emparée de Godeheu, qu'en rade de Pondichéry il avait de nouveau écrit à Dupleix une lettre plus pleine encore que la première de profession de dévouement, dans le but de détourner tout soupçon de l'esprit de celui-ci. Une fois sur le quai, immédiatement après les premiers saluts, il tira Dupleix à part, et lui intima d'un ton sec qu'il venait le remplacer, et qu'en conséquence il espérait le voir sans délai s'embarquer avec sa famille pour la France.

Quel coup plus cruel et plus inattendu était-il possible de concevoir? Avec une dignité héroïque, Dupleix, maîtrisant son émotion, accompagna Godeheu dans la chambre du conseil, où, lecture dûment faite de sa commission, Godeheu fut installé en fonctions. Un témoin oculaire décrit en ces termes cette mémorable scène : « Pendant la lecture il régna un profond silence : *Conticuere omnes intentique ora tenebant.* Ce silence allait continuer après qu'elle eut été faite, lorsque M. Dupleix le rompit par le cri de *Vive le roi!* auquel tout le monde répondit. Il était prévenu de l'arrivée du commissaire, mais il ne l'était pas de l'étendue de ses pouvoirs. Il reçut le coup entier avec cette fermeté et cette constance qui l'ont fait

admirer tant de fois et qui sont ses vertus dominantes. »

La conduite de Dupleix fut en vérité des plus
nobles. La mortification qu'il était au-dessus de la
nature humaine de ne pas ressentir, il la dévora
complétement et, dédaignant avec le sentiment du
vrai patriotisme le manque d'égards étudié et quo-
tidien de Godeheu, il s'empressa de mettre à sa
disposition tous les renseignements qu'il possédait
et de lui prêter tout le concours possible. Mais il
suffisait qu'une idée vînt de Dupleix pour qu'elle
fût immédiatement repoussée. Godeheu avait amené
avec lui 2 000 soldats européens — une force que
jamais Dupleix n'avait obtenue des directeurs. Ce
fut en vain que Dupleix s'évertua à démontrer que
Tritchinapali était à la veille de tomber, en vain
qu'il pressa Godeheu de s'assurer la victoire par
l'envoi des renforts à l'armée assiégeante. L'esprit
de contradiction de celui-ci dépassa tellement toute
limite, que l'historien anglais Orme atteste ce fait
monstrueux que ce fut seulement par la conni-
vence de ce même Godeheu qu'il fut possible aux
Anglais d'introduire dans Tritchinapali un convoi
qui empêcha la garnison de se rendre aux Français.

A vrai dire, on ne peut se faire l'idée de la rage
d'hostilité de Godeheu contre Dupleix que quand
on a lu les torrents de fiel et de haine envenimée

qui débordent dans son journal privé conservé à la Bibliothèque nationale de Paris. Son constant grief est la sotte mansuétude des ministres, qui l'ont frustré du plaisir de jeter Dupleix dans les fers. Et cependant, malgré cet accueil empressé à toutes les basses délations comme aux moindres propos malicieux, aucune accusation criminelle ne trouve nulle part à s'insinuer. Mais s'il ne fut pas possible à Godeheu de ternir la réputation de Dupleix, il réussit du moins à le ruiner dans sa fortune.

Jusque-là Dupleix était venu libéralement, par son crédit personnel, au secours du trésor de la compagnie. Ce crédit n'exista plus le jour où les prêteurs indiens virent le grand gouverneur dépouillé de ses dignités ; et Godeheu, pour battre monnaie, ne trouva rien de mieux que de confisquer pour son usage les revenus des districts qui, nous l'avons vu plus haut, avaient, en diverses circonstances, été transportés à Dupleix pour sûreté de l'argent par lui avancé. Ces prêts n'étaient jamais sortis des caisses de la compagnie ; ils étaient affaire privée entre Dupleix et les princes indigènes, et tout autant propriété particulière que tout placement fait sur la compagnie. Les revenus des districts hypothéqués avaient été touchés par un agent indigène au nom de Dupleix, qui tenait compte du montant à ses débiteurs, comme fait tout banquier qui a ouvert un compte courant à un client. Godeheu, néanmoins, saisit ces revenus comme s'ils eussent été propriété engagée à la compagnie, en même temps que, d'un autre côté, il refusa de reconnaître, comme obligeant la compagnie, la dette pour laquelle ils avaient été donnés en gage.

C'était un vol manifeste; une autre infamie vint l'aggraver encore. Dupleix demanda que ses réclamations fussent au moins examinées sur les lieux mêmes, où leur justesse pourrait être vérifiée; cette faveur lui fut refusée sous le vain prétexte que Godeheu n'avait pouvoir de traiter que pour les matières politiques. Si complétement ruiné fut alors Dupleix que, pour satisfaire les demandes les plus pressantes et ne pas quitter le pays en banqueroutier, il lui fallut solliciter de son persécuteur un emprunt de 50 000 roupies.

Dans cette pénible situation, il s'embarqua pour l'Europe avec sa famille et un certain nombre d'amis, emportant avec lui les regrets sincères hautement manifestés de tout ce que la colonie avait d'hommes honorables; soutenu par la conviction qu'il ne pouvait être que la victime momentanée d'une intrigue, et sûr d'obtenir justice des mains de son souverain.

IX

L'accueil que reçut Dupleix en arrivant sur le
sol français n'était pas de nature à dissiper sa confiance. Ce qu'on a pu dire du contraire est inexact.
La vérité est que l'apparition de Dupleix en France
fut un sujet de pénible surprise pour les ministres,
qui, en raison des récents événements, n'entrete-
naient pas pour le moment des dispositions très-
pacifiques et se sentaient beaucoup moins disposés
qu'auparavant à faire cause commune avec les directeurs dans leur hostilité à l'égard de Dupleix.

La collection Ariel possède un document officiel
circonstancié relatif aux affaires de l'Inde, qui est le
résumé des instructions supplémentaires expédiées à
Godeheu, mais qui n'arrivèrent à Pondichéry qu'a-
près le départ de Dupleix. Ce document contient
des instructions très-détaillées pour la politique à
suivre, et c'est d'un bout à l'autre à Dupleix qu'est
encore confié le soin de leur exécution. Son retour
fut donc un sujet de vif désappointement pour les
ministres; et, chose plus curieuse encore, ce sentiment fut généralement partagé par le mobile public
parisien, qui, sous l'influence des idées guerrières,

regarda Dupleix avec une soudaine faveur. Les lettres de celui-ci attestent amplement sa satisfaction de l'accueil qu'on lui fit. « Je n'ai que lieu de me louer du contrôleur général, écrit-il. Il nous accable d'attentions toutes les fois que moi et ma femme nous y présentons. Il nous donne à tous les deux les assurances d'une prompte expédition. La *marquise* (madame de Pompadour) ne sait comment marquer ses bontés à ma femme : elle a eu déjà avec elle plusieurs conférences particulières dont ma femme est toujours sortie avec la plus grande satisfaction. Je laisse à d'autres le soin de vous dire sur quel pied nous sommes ici et combien les seigneurs et le public veulent bien nous être favorables. J'en suis, en vérité, pénétré. Croiriez-vous que, sur la route de Lorient à Paris, j'étais obligé de fermer les stores de ma chaise de poste pour pouvoir m'échapper de la foule ! De tous les endroits où nous changions de chevaux j'entendais des propos qui auraient lieu de flatter les plus présomptueux, mais dont, grâce à Dieu, je me suis garanti autant qu'il a dépendu de moi. Ma femme a été dans le même cas. Elle et moi n'osions paraître dans Lorient par l'affluence du peuple qui voulait nous voir et nous bénir. Dieu soit loué ! ce sont de vraies satisfactions pour ceux qui savent tout reporter à Dieu. »

Et ailleurs il dit encore :

« Partout où nous avons passé, on venait nous voir comme des animaux bien singuliers. »

Toutefois ces brillants mirages s'évanouirent bientôt.

Le navire suivant apporta, à la satisfaction du gouvernement, un traité conclu par Godeheu avec les Anglais. Ce traité défaisait d'un trait de plume tout ce que Dupleix avait créé avec tant de peine. Les Français renonçaient à toute intervention dans le Karnatic, qu'ils repassaient aux Anglais, et ils abandonnaient entièrement le Décan, à l'exception de quelques comptoirs. » On conviendra certainement, écrit M. Mill en jugeant cet étonnant traité, que peu de nations ont jamais fait à l'amour de la paix des sacrifices d'une importance relativement plus considérable. » La tentation qu'offrait à des hommes d'un caractère essentiellement peu belliqueux une paix assurée et actuelle se trouva toutefois être si irrésistible, que ministres et directeurs acceptèrent ce traité sans modification. A partir de ce moment, le remplacement de Dupleix fut considéré comme un événement heureux, et on le traita dès lors comme un serviteur gênant, dont la présence était importune.

En arrivant à Paris, Dupleix avait présenté l'état de ses réclamations, qui se montait à 7 millions de roupies, le tout, moins une petite somme, ayant été avancé par lui sur le gage des revenus séquestrés par Godeheu. Jamais comptes ne furent plus clairs ; aussi ne songea-t-on point à en discuter les différents articles. Les directeurs, avec une audace incroyable, refusèrent tout simplement de les reconnaître, parce qu'ils n'avaient pas été préalablement apurés par le conseil de Pondichéry, omission uniquement due au refus formel de Godeheu. Pendant quelque temps, Dupleix continua à se fier aux assurances ministérielles que les directeurs seraient forcés de lui faire justice. Mais quand les événements eurent rendu ses services désormais inutiles, il se trouva abandonné de tous côtés, et contraint d'user le reste d'énergie de son existence dans des procès qui n'avancèrent pas son affaire d'un pas. Cette douloureuse situation s'aggrava encore d'autres infortunes.

En novembre 1756, madame Dupleix mourut. La frêle constitution de sa nature orientale succomba sous les rigueurs du climat d'Europe et sous le poids des tortures morales dont elle avait pris sa part avec la même ardeur de dévouement qu'elle avait mise autrefois au service des succès et de la gloire de son mari. Dans les papiers conservés par la famille Dupleix se trouve une lettre écrite au contrôleur général par cette noble femme quelques jours avant sa mort et alors qu'elle se savait aux portes du tombeau. Jamais plume de femme ne traça un plus touchant appel en faveur du droit. Avec les accents pénétrants d'une voix de l'autre monde, elle le conjure de son lit de mourante de lui laisser emporter avec elle la consolation de savoir que justice sera faite à son époux.

Parmi les hommes qui, dans l'Inde, avaient prêté de l'argent à Dupleix et que celui-ci ne pouvait pas maintenant rembourser, était Bussy, qui, avant le rappel de Dupleix, avait chargé son frère de lui acheter en France un domaine, que son amour filial destinait à une résidence pour sa vieille mère. L'acquisition faite, le frère, pressé lui-même de payer, pressa à son tour Dupleix; il alla même jusqu'à lui intenter une action qui devint le signal de poursuites semblables de la part d'autres créanciers; si bien que Dupleix se vit écrasé de difficultés, et que même sa liaison avec Bussy en éprouva une atteinte fatale qui rompit le mariage de ce dernier avec la belle-fille de Dupleix.

A la fin de 1758, Dupleix se remaria. Il épousa mademoiselle de Chastenay-Lanty, personne de bonne naissance, mais sans fortune. Dupleix était toujours alors occupé de ses réclamations et vivait sur l'argent réalisé par la vente d'une terre de Normandie qu'il avait achetée à l'époque de son élévation au marquisat. Ses ennemis l'accusèrent de dépenses extravagantes et en profitèrent pour railler sa prétendue indigence. Dans une de ses lettres, Dupleix répond à cette accusation d'une manière qui caractérise bien sa grande et noble nature :

« On ne se contente pas, écrit-il, de me jeter dans les plus cruels embarras; en différant l'examen de mon compte et en retenant ce qui m'est dû, on a la dureté de me les imputer à moi-même en exagérant les dépenses d'une maison nombreuse! Qu'il est triste d'avoir à se justifier des maux mêmes qu'on nous cause! Les personnes logées et nourries dans ma maison sont ou des parents, ou des alliés, ou des amis revenus avec moi de l'Inde, et qui, en me confiant toute leur fortune, m'ont aidé à faire une partie des avances dont je demande aujourd'hui le remboursement. L'impossibilité où je suis de payer ces personnes, qui n'ont d'autre bien que celui qu'elles m'ont confié et qui partagent mes malheurs sans me reprocher ce qu'elles souffrent à mon occasion, me met dans la nécessité de les loger et de les nourrir. Pourrais-je, sans l'ingratitude la plus noire, me séparer d'elles? »

Pendant sept ans, Dupleix tint bon, soutenu par son énergie, conservant l'espoir envers et contre tout, combattant contre la spoliation avec la même infatigable activité qu'il avait déployée contre Tritchinapali, et poursuivant de toutes les formes imaginables de protestations et d'appels que lui fournissait la procédure l'imperturbable injustice de la compagnie. A tous ces appels on ne daigna faire qu'une réponse : la dérisoire argutie que le droit avait été supprimé par une erreur de forme, résultat de l'arbitraire. Dupleix en arriva enfin à être tellement dénué de ressources, qu'il dut solliciter la protection du roi contre la contrainte par corps.

« Mes créanciers m'écrasent dans l'Inde et à Paris, écrit-il. Je meurs de faim au milieu d'une fortune considérable acquise par un patrimoine honnête et augmentée par trente-quatre ans des services les plus brillants, — fortune que j'ai sacrifiée avec la plus grande générosité pour faire des acquisitions immenses à la compagnie, qui peuvent, si l'on sait suivre mes idées et ce que j'avais commencé, mettre, dans l'Inde, la compagnie en état de subsister par elle-même. »

Rien ne put arracher un cri de compassion, encore moins un fragment d'aumône à ses spoliateurs éhontés, pour soustraire à la misère les derniers jours de ce vieux serviteur. Tel était son dénûment, qu'à la fin il n'obtint plus que de la charité les choses les plus nécessaires à l'existence. Trois mois avant sa mort, son neveu Kerjean se voyait contraint d'écrire à une personne influente la supplique que voici :

« Je puis sans doute, monsieur, vous ouvrir mon cœur avec l'assurance que vous partagerez mes sentiments, parce que vous êtes un galant homme, que les malheureux ont de véritables droits sur vous, et qu'on peut vous proposer le bien avec sûreté... M. Dupleix est, comme vous le savez, dans la position la plus affreuse. Les gens qui ont mis sa maison à bail judiciaire et auxquels elle a été adjugée pour douze cents francs viennent de lui signifier par le défaut de payement, ainsi qu'à sa femme, de vider la maison. On a fait les mêmes démarches vis-à-vis de M. de Montlezunt ; sans doute que lundi nous aurons notre tour. M. Chandelier, de Paris, fournisseur de sa maison, veut et peut faire vendre les meubles. Nous avons garnison chez nous pour la capitation, si bien, monsieur, que, par le défaut de six mille francs, nous sommes tous au moment de crouler. M. et madame Dupleix sont bien véritablement sans la première ressource, et cela dans le moment où il a besoin de toute sa tête pour repousser les injures et les assertions captieuses que la compagnie lui fait si indécemment dans son mémoire, et dont nous pouvons dire à l'avance qu'il triomphera. »

La réplique à laquelle il est fait ici allusion fut imprimée. Ce fut la dernière étincelle de la mâle énergie de Dupleix, courageux jusqu'à la fin ; la dernière protestation de son souffle d'agonisant contre l'injustice infâme de ses puissants spoliateurs. La maladie avait, en dernier lieu, singulièrement affaibli sa constitution, qui d'ailleurs n'avait jamais été très-robuste, et à peine les pages de cette défense avaient-elles quitté la presse, que la main qui les avait écrites était glacée par la mort. Le 10 novembre 1764, Dupleix rendait l'âme dans une maison de la rue Neuve-des-Capucines, située sur l'emplacement encore occupé, il y a peu d'années, par le ministère des affaires étrangères, et à quelques portes du palais qui était la résidence officielle de la Compagnie des Indes. Sa mort ne fut pas plutôt connue, que la pauvre demeure fut envahie par un essaim d'âpres créanciers armés chacun des pouvoirs de la loi, et plus pressés les uns que les autres de garantir par la saisie un droit d'antériorité à leurs créances.

« Ainsi expira, dans un état de positive indigence, écrit M. Cartwright en terminant sa remarquable étude sur Dupleix, un homme d'une nature princière, dont les qualités d'intelligence et de cœur méritent l'admiration, comme ses malheurs commandent la sympathie. Les Anglais, du moins, en étudiant la vie de Dupleix à la lumière des événements postérieurs, sont obligés de reconnaître sincèrement le génie de celui qui, de si bonne heure, avait indiqué nettement la convenance et les nécessités des mesures qu'ils finirent par adopter eux-mêmes.

» Dupleix n'eut tort qu'en un seul point. Lui qui, avec un instinct si infaillible, plongeait au fond des affaires indiennes, il était aveugle à la démoralisation et à la défaillance de la France de son temps. Tous ses malheurs furent dus à la contradiction non remarquée qui existait entre sa hardiesse personnelle et la nature pusillanime des hommes sur lesquels ses grandioses conceptions étaient condamnées à s'ap-

puyer. De cet antagonisme naquit cet apparent acca-
parement d'autorité arbitraire de sa part, qui n'était
que la manifestation extérieure d'une supériorité
ayant conscience d'elle-même.

» C'est également ne pas comprendre Dupleix que
de lui attribuer une vulgaire et égoïste ambition,
inspirée par des motifs de pure vanité. Il n'était pas
le proconsul rebelle, résolu à agir par lui-même,
que les directeurs de la compagnie ou le croyaient
ou feignaient de le croire enclin à devenir. S'il sortit
de la voie tracée, il le fit par patriotisme, un patriotisme qui pouvait se tromper, mais qui, du
moins, était ardent et sincère. Malheureusement il
vivait dans une époque et au milieu d'une génération qui n'étaient point faites pour un homme de sa
taille, — une époque où une concubine pouvait à
plaisir faire et défaire des ministres, et où le sultan du Parc aux cerfs était assis sur le trône de
Louis XIV! »

III

LALLY

La paix signée par Godeheu, paix si monstrueuse
que, comme le dit le major Malleson, elle n'eût pas
pu être plus foncièrement désavantageuse, dictée
par le gouverneur anglais Saunders, ruina virtuellement la position des Français dans l'Inde. Pour détruire l'œuvre de Dupleix, l'honneur et les intérêts
de la France ne furent que des sacrifices légers.

Tout ce qu'après cela la France a entrepris dans
ce pays fut d'un caractère absolument différent des
vastes desseins dont Dupleix et Bussy avaient pour-
suivi l'accomplissement. On rencontre cependant encore un épisode émouvant dans la malheureuse expédition de Lally, que le major Malleson essaye de représenter comme le digne émule de ces deux grands
hommes. A vrai dire, Lally, dont le sort a été des plus
tragiques, occupe une position tout à fait inférieure
à ceux-ci. C'était simplement un soldat brave, iras-

cible ; mais s'il ne connaissait pas la peur, il manquait absolument de sang-froid et était, par conséquent, complétement dépourvu de cette admirable aptitude à gouverner les hommes que possédaient à un si haut point Dupleix et Bussy. Dans le fait, tous les embarras de Lally dans l'Inde naquirent de sa complète inhabileté à comprendre les particularités du caractère indien et de la politique indienne. Sa défense de Pondichéry fut une action aussi vaillante que tout ce qu'on peut citer, mais il est difficile de découvrir dans sa conduite la plus petite trace de sagacité quelconque.

Fils d'un exilé irlandais, sir Gerard O'Lally, qui était entré au service de France après la prise de Limerich en 1691, Lally, né à Romans en 1702, fut de bonne heure destiné au métier des armes. Dès l'âge de huit ans il accompagnait son père au siége de Gironc et plus tard à celui de Barcelone. A dix-neuf ans il commandait une compagnie du régiment de Dillon, l'un de ceux de la brigade irlandaise. Pendant la guerre d'Autriche en 1734, il se distingua aux siéges de Kehl et de Philipsbourg. Après la paix, envoyé en Russie pour négocier une alliance secrète entre la France et cet empire, il sut gagner la faveur de la tzarine, bien que la politique timide du cardinal Fleury eût rendu sa mission inutile. Dans la guerre de la Succession, Lally servit avec éclat et se fit si bien remarquer à Fontenoy qu'il fut sur le champ de bataille nommé par Louis XV colonel du régiment de Dillon, et qu'il reçut les félicitations du maréchal de Saxe.

A partir de ce moment, sa réputation était faite. Passant en Angleterre, il y soutint, comme commandant de l'expédition française, la cause du prétendant Charles-Édouard et servit d'aide de camp à ce prince à la bataille de Falkirk. Après la journée de Culloden, Lally dut rentrer en France. En 1747, il rejoignit l'armée des Pays-Bas, assista à la bataille de Lawfeldt et fut fait prisonnier devant Berg-op-Zoom. Échangé peu après, il fut encore blessé à Maestricht et reçut là le grade de maréchal de camp.

La paix d'Aix-la-Chapelle, en rendant la tranquillité à l'Europe, priva quelque temps le bouillant soldat d'occasions de se distinguer sur les champs de bataille. On ne l'en considérait pas moins comme destiné à un brillant avenir en cas de complications nouvelles.

Ces complications se firent jour sept ans plus tard, en 1755, alors que les Anglais prirent, sans déclaration de guerre, deux bâtiments français dans les eaux de Terre-Neuve. Après cette violation du droit des gens, la guerre devenait inévitable. Pendant qu'on négociait à Versailles, les Anglais continuaient leurs hostilités et ruinaient le commerce de la France. Plus d'une année se passa ainsi. Enfin, le 17 mai

1756, le roi de France déclara la guerre à l'Angleterre, un grand effort fut résolu pour chasser les Anglais de l'Inde, et Lally, mis à la tête d'une expédition, fut nommé lieutenant général, commissaire du roi, syndic de la Compagnie des Indes et commandant général de tous les établissements français dans l'Asie orientale.

« Le comte d'Argenson, dit M. A. de Lacaze, s'opposa fortement à ce choix, non pas qu'il doutât de la capacité de Lally dont il était l'ami, mais il redoutait les effets d'un caractère droit et rigide, violent et emporté, inflexible dans la discipline, surtout en présence des abus de toute nature, des dilapidations et de l'insubordination qui régnaient dans les comptoirs de l'Inde. »

L'expédition devait, dans l'origine, se composer de trois mille hommes et de trois vaisseaux de guerre; mais avant qu'elle pût prendre la mer il était devenu évident pour les ministres français que les Anglais, plus actifs qu'eux, avaient pris leurs mesures pour chasser les Français du Canada. En conséquence, presque au dernier moment on retira à Lally un tiers des troupes qu'on lui destinait et deux de ses vaisseaux.

L'ordre de diminution de son effectif toutefois serait arrivé trop tard — car l'expédition avait déjà mis à la voile, — si le comte d'Aché, qui commandait la flotte, n'avait pas insisté, contre l'avis de tous ses capitaines, pour rentrer à Brest afin d'y réparer d'insignifiantes avaries à deux de ses bâtiments. C'est dans ce port qu'arriva l'ordre de réduction. Il advint dès lors que tandis que la moitié des troupes sous le commandement du chevalier de Soupire quittait Lorient le 30 décembre 1756, l'autre moitié, sous Lally en personne, ne put partir que le 2 mai de l'année suivante.

Après une traversée pénible, Lally débarqua enfin à Pondichéry le 28 avril 1757. Son état-major comptait quelques-uns des plus grands noms de France, d'Estaing, Crillon, Montmorency, Conflans, la Fare, et avec ceux-ci, Breteuil, Verdière, Landivisiau et autres officiers de bonne famille et de grand mérite.

Un fait singulier, arrivé tout d'abord avant de débarquer, ne manqua pas d'être regardé par beaucoup de personnes, par les marins surtout, comme un présage fatal. Parmi les pièces de la place qui rendirent les honneurs au commandant en chef, quelques-unes se trouvaient chargées à boulet, et ces boulets allèrent frapper et endommager le vaisseau *Comte de Provence*, que montait Lally. « Étrange salut pour Lally, remarque M. Malleson, et bien fait pour lui donner un avant-goût de l'hostilité qu'il allait rencontrer de la part des autorités du lieu. »

A son arrivée, le chef de l'expédition, informé que les Anglais venaient de nous chasser de Mahé et de Chandernagor, marcha immédiatement sur Gondelour, qui se rendit promptement, puis sur Fort Saint-David's, qu'il enleva le 2 juin, après dix jours de tranchées, quoique défendu par 94 pièces d'artillerie.

D'autres succès suivirent ceux-ci, et au bout de six semaines il n'y avait plus d'Anglais dans tout le sud de la côte de Coromandel.

Madras devint alors le point de mire de Lally; mais là commencèrent les démêlés du général en chef avec ses lieutenants et avec le conseil de Pondichéry. D'Aché fit défection et s'en alla mouiller à l'île de France, d'où il ne revint plus. Dans son impossibilité de tirer de l'argent de Pondichéry, Lally alla attaquer Tandjore, dont le radjah devait treize millions à la compagnie; mais, arrivé devant la ville, n'ayant obtenu que cinquante mille francs du radjah, il dut se replier sur Pondichéry menacé, retraite pénible pendant laquelle il fut en but à des tentatives d'assassinat et blessé même dans sa tente par des Hindous fanatisés. Pendant ce temps, les troupes du nord, jusque-là victorieuses sous Bussy, et qui n'avaient plus ce général à leur tête, étaient battues et repoussées, et les Anglais enlevaient Masulipatam.

Revenu à Pondichéry, Lally reprit ses projets sur Madras, et les caisses de la compagnie étant vides, il avança de ses deniers cent cinquante mille francs;

PRISE DE FORT SAINT-DAVID'S PAR LES TROUPES
DE LALLY.

d'Estaing et d'autres en fournirent ensemble quatre-vingt mille.

La première rencontre entre Lally et Bussy avait été en apparence amicale; mais entre ces deux hommes il n'en existait pas moins des sentiments qui, de part et d'autre, étaient loin d'être cordiaux. Lally, qui n'avait qu'une idée, l'expulsion des Anglais, ne pouvait entrer dans le plan d'un empire français au cœur du Décan, basé sur la faiblesse et l'abstention des Anglais. D'un autre côté, il savait que Bussy, tout en tenant haut le drapeau de la France à Haïde-rabad, avait non-seulement acquis un grand renom, mais avait fait une fortune énorme, il ne pouvait s'empêcher de confondre le héros du Décan avec la foule des officiers et des fonctionnaires de la compagnie, qui ne cherchaient dans l'Inde qu'à s'enrichir, gens qu'il était décidé, lui, il ne s'en cachait pas, à poursuivre à outrance. Tous les efforts de Bussy pour être renvoyé avec des troupes sur le théâtre de ses anciens exploits ne firent que confirmer Lally dans ses soupçons et aigrir davantage son caractère entier et despotique.

Mais si Lally avait de Bussy cette opinion fâcheuse, bien différente était l'impression que le fidèle lieutenant de Dupleix avait faite sur les officiers de la suite du général en chef. Ces messieurs n'avaient pas tardé à reconnaître son habileté, ses larges vues, sa connaissance profonde du pays et des Hindous. « Telle était leur confiance dans ses talents et son dévouement, qu'à la veille de l'expédition de Madras, six d'entre eux, y compris le chevaleresque d'Estaing, qui déjà s'était fait une réputation méritée, signèrent une requête au commandant en chef pour que Bussy, général de la compagnie, fût placé à leur tête immédiatement après Soupire. Lally hésita d'abord et ne craignit pas d'attribuer cette demande à l'argent de Bussy; il céda pourtant à la fin et à contre-cœur. » — (Malleson.)

Au commencement de novembre, l'expédition, comprenant deux mille fantassins européens, trois cents cavaliers et cinq mille cipayes, se mit en marche sur Madras. Mais dès ce moment deux partis se formèrent : l'un, composé en grande partie des troupes royales, qui appuyaient Lally; l'autre des troupes de la compagnie, qui ne voulaient écouter que Bussy.

Le 12 décembre, les Français se présentèrent devant Madras; le 14, ils occupèrent la ville noire. Les forces anglaises se retirèrent dans le fort Saint-George. Au milieu du succès, les troupes assiégeantes, la plupart indigènes, se débandèrent pour se livrer au pillage.

Le commandant anglais profita du désordre pour faire une sortie. « D'Estaing fut fait prisonnier, raconte M. A. de Lacaze, et les Français ployaient, lorsque leur général vint les rappeler au combat, et

sans Bussy, qui refusa de marcher, la garnison anglaise était coupée du fort, où elle ne rentra que
mutilée. Malgré cet incident, la tranchée s'ouvrit
devant Saint-George; mais l'attaque fut mal conduite. Harcelée continuellement sur ses derrières,
l'armée française manquait de tout; enfin, après
quarante-six jours de siége et au moment où tout
était disposé pour l'assaut, une flotte anglaise que
d'Aché avait laissée passer, entra dans le port de
Madras et força Lally à renoncer à sa proie et à se
replier sur Pondichéry, où la disette et le manque
d'argent occasionnèrent une nouvelle révolte (la
dixième pour le même motif). Le conseil de la compagnie dut porter sa vaisselle à la monnaie, et Lally
épuisa ses dernières ressources financières. »

L'ordre rétabli, Lally en profita pour prendre Seringham. Ce fut son dernier succès : les Anglais le
battirent complétement sous les murs de Vandarachi
(22 janvier 1760). Bussy, blessé, resta au pouvoir
de l'ennemi, qui vint, le 13 mars 1760, bloquer
Pondichéry par mer et par terre.

« Après avoir tenu en échec pendant dix mois des
forces vingt fois plus nombreuses que les siennes,
débordé par l'anarchie, haï de chacun, malade,
menacé par le fer et le poison, trahi de tous côtés,
n'ayant plus que quatre onces de riz par jour à faire
distribuer à sept cents soldats exténués, le 14 janvier 1761, il consentit seulement, sur la sommation

du conseil de la compagnie, à capituler ; mais le général anglais Coote exigea une reddition à discrétion. Le 16, Lally, prisonnier de guerre, fut embarqué pour l'Angleterre à bord d'un navire hollandais. » — (*Idem.*)

Toutes les haines qu'il avait soulevées contre lui dans l'Inde l'avaient précédé en France. Arrivé à Londres, pressé de se laver d'accusations injustes, il obtint du gouvernement anglais de se rendre à Paris sur parole, et son premier soin fut d'y mettre à effet les menaces qu'il avait tant de fois fait pleuvoir à Pondichéry sur le gouverneur Leyrit et ses conseillers. « Cet acte de sa part, écrit l'auteur anglais, eut pour résultat d'unir contre lui toutes les parties incriminées dans ses assertions. Bussy et d'Aché, Leyrit et Moracin, le P. Lavaur, et les conseillers de Pondichéry, tous firent cause commune contre lui. Si grand fut l'effet des dispositions convergentes de tout ce monde, que même le duc de Choiseul lui conseilla de chercher son salut dans la fuite. »

Ce fut en vain ; Lally demeura inébranlable dans sa résolution d'avoir justice de ses accusateurs, et le 5 novembre il alla se constituer prisonnier à la Bastille.

La procédure fut commencée au Châtelet le 6 juillet 1753. Elle dura près de trois ans. On admit contre Lally les témoignages les plus suspects, les charges les moins prouvées. Vainement il sollicita trois fois l'assistance d'un avocat; ce droit lui fut refusé. Après deux ans de débats à huis clos, le rapport fut enfin produit. L'accusé, qui avait demandé huit jours pour préparer sa défense, vit sa requête rejetée, et le président Maupeou, prié de ralentir les séances, répondit : « Si je pouvais les doubler, je les doublerais. » Amené le 5 mai 1766 à la barre, Lally subit un interrogatoire illusoire. Le lendemain, il fut déclaré « dûment atteint et convaincu d'avoir trahi les intérêts du roi et de la Compagnie des Indes, d'abus d'autorité et d'exactions envers les sujets du roi et étrangers, et condamné à avoir la tête tranchée et ses biens confisqués. »

Un sursis de trois jours fut obtenu du premier président. Pendant ce temps, Choiseul et le maréchal de Soubise demandèrent au roi la grâce de Lally au nom de l'armée : « Il est trop tard, répondit Louis XV, c'est vous qui l'avez fait arrêter, il est jugé. »

En entendant le greffier lui lire son arrêt qui le déclarait traître envers les intérêts du roi, le malheureux condamné protesta d'une voix forte, et, tirant un compas caché sous son habit, il s'enfonça le fer dans la poitrine. « La blessure, quoique grave, ne fut pas mortelle, et ses ennemis, craignant de voir échapper leur victime à la honte de l'échafaud, firent avancer de six heures son exécution. »

La France révolutionnaire annula la sentence de

la France de Louis XV. Sur les réclamations réitérées du marquis Trophime Gérard de Lally-Tollendal, fils de la victime, Louis XVI, le 21 mai 1778, ordonna, à l'unanimité d'un conseil composé de soixante-douze magistrats, la révision du procès de Lally. Toutefois il ne fallut pas moins de quatre arrêts du conseil pour casser successivement les sentences des parlements, qui tous se croyaient solidaires dans les mêmes erreurs. La justice de la cause de Lally finit cependant par triompher, et la mémoire de cet homme illustre et malheureux fut dûment réhabilitée.

« Alors qu'il n'est personne qui ne reconnaisse l'équité de l'acte de réhabilitation de l'infortuné Lally, dit le major Malleson, nul ne s'inquiète de savoir ce que devinrent ceux dont l'incapacité, la corruption et la malveillance combinées forgèrent les traits qui l'ont frappé. Aucun mémoire ne rapporte les derniers moments du faible Leyrit, de l'irrésolu et insouciant d'Aché. De Bussy, qui promettait tant, de Bussy, dont les exploits, jusqu'à un moment donné, furent splendides, et qui pourtant abandonna Dupleix dans ses malheurs et se joignit à la cabale contre Lally, tout ce qu'on sait, c'est qu'après avoir vécu somptueusement avec l'énorme fortune qu'il avait acquise dans l'Inde, il retourna vingt ans après dans le Karnatic, à la tête d'une belle armée, pour s'y faire écraser et y mourir.

« La compagnie elle-même, qui avait été complice

de ses ennemis ; la compagnie, qui s'était montrée
en toute occasion timorée, bornée et injuste ; la
compagnie, qui avait ruiné et persécuté à outrance
les plus illustres des proconsuls envoyés par elle dans
l'Inde ; la compagnie ne survécut pas longtemps à
l'exécution de Lally : elle succomba en 1769.

» La chute de Pondichéry fut l'événement précur-
seur naturel de la prise des autres places restant encore aux Français dans l'Inde méridionale. Des
troupes françaises au service de la compagnie, trois
cents hommes détachés, sur différents points, sous
le commandement de MM. Alain et Hugel, à l'époque
du siége, entrèrent au service de Haïder-Ali ; cent
autres furent incorporés dans l'armée anglaise, où
toutefois ils se montrèrent aussi indisciplinés que
lorsqu'ils avaient à obéir à leurs propres compatriotes ; le reste fut fait prisonnier de guerre. »

DEUXIÈME PARTIE

OFFICIERS DE FORTUNE EUROPÉENS

CHEZ LES PRINCES HINDOUS CONTEMPORAINS

En écrivant son *Histoire des Français dans l'Inde* (dont les pages qui précèdent retracent les traits les plus saillants), le major (aujourd'hui colonel) Malleson s'était proposé de décrire la lutte de prépondérance que les deux grandes puissances occidentales de l'Europe avaient engagée sur la côte de Coromandel vers le milieu du XVIIIᵉ siècle. Son récit s'arrêtait à la prise de Pondichéry par l'armée anglaise, sous le commandement du général Coote, en 1761, et il n'entrait pas dans son plan de signaler les soldats de fortune de diverses nations qui, vingt ou trente ans plus tard, prirent du service chez les princes indigènes du nord-ouest et du centre de l'Inde, et leur apprirent pour la première fois ce que vaut une infanterie disciplinée soutenue par une artillerie bien servie. Jusqu'à cette époque, en effet, les Mahrattes, aussi bien que les Radjpoutes, plaçaient leur confiance presque uniquement dans les corps nombreux de cavalerie que leur système de gouvernement les mettait en état de lever.

Nous allons essayer, dans les pages qui vont suivre, de raconter comment ces hommes, ou les plus importants d'entre eux — ceux que les Anglais ont spirituellement appelés « la petite monnaie de Clive », — enseignèrent l'art de la guerre aux potentats qui ne savaient avant eux faire fond que sur le nombre et qui n'avaient des conquérants qu'une certaine dose de valeur personnelle.

I

BENOIT DE BOIGNE

Benoît de Boigne fut un des premiers à saisir les avantages de cet important changement dans le système militaire des Mahrattes et à posséder l'influence nécessaire pour le mettre en pratique. Né à Chambéry, en Savoie (1), il avait commencé sa carrière en qualité d'officier dans la brigade irlandaise au service de la France, service qu'il quitta au bout de quelques années pour passer à celui de la Russie. Plus tard, il fut fait prisonnier par les Turcs au siége de Ténédos. Devenu libre et ayant su à Smyrne, par les Anglais, qu'il y avait un grand avenir militaire dans l'Inde, il prit la résolution de s'y rendre. Il arriva au commencement de 1778 à Madras, où il fut nommé officier dans un régiment d'infanterie indigène de la Compagnie anglaise des Indes orientales. Mais ayant eu à se plaindre, pour des raisons

(1) Le 18 mars 1751. Son nom patronymique est Leborgne.

d'avancement, de lord Macartney, le gouverneur d'alors, il se démit de son grade et partit pour Calcutta, muni de lettres de recommandation pour le gouverneur général de l'Inde, Warren Hastings.

Après certains mécomptes, peu sérieux d'ailleurs, dans les provinces nord-occidentales, Boigne se détermina à prendre du service auprès d'une des puissances indigènes de cette partie de.l'Inde, alors comme toujours en état de guerre, et il finit par s'attacher à Madhadji-Sindhyah, pour lequel il entreprit de lever et de discipliner deux bataillons d'infanterie de huit cent cinquante hommes chacun. Cette tâche, il l'accomplit dans l'espace de cinq mois; pendant les trois années qu'il passa dans l'armée mahratte, il fit un excellent service et se convainquit par ses yeux de la justesse de ses prévisions en organisant des régiments d'infanterie sur le modèle des cipayes qu'il avait vus à Madras et à Calcutta.

Toutefois il ne tarda pas à s'apercevoir que le corps placé sous son commandement immédiat, bien qu'ayant toujours soutenu vaillamment le choc de l'ennemi dans les affaires où il s'était trouvé engagé, était trop peu nombreux pour frapper un coup décisif et décider de l'issue de batailles rangées où, de part et d'autre, il y avait des masses nombreuses en ligne. En conséquence, il pressa Sindhyah de lui laisser organiser, sur le même système, un corps beaucoup plus important. Mais, quoique très-intelligent, le prince était naturellement très-partisan de l'arme nationale, et il refusa l'offre de Boigne.

Celui-ci, dès lors, se retira à Lucknow, où il entra en relations d'affaires commerciales avec le fameux général Claude Martin, attaché au service du roi d'Oude et qui bâtit à Luchnow le palais Constantia, et fonda par testament à Lucknow, à Calcutta et à Lyon, son pays natal, divers établissements charitables, entre autres des maisons d'éducation appelées, de son nom, la Martinière, — personnage que, d'ailleurs, on retrouvera plus loin. Mais Sindhyah, peu de temps après, appréciant mieux le projet de Boigne, le rappela auprès de sa personne, et pour la première fois lui donna, avec toute l'autorité nécessaire, l'argent voulu pour lever un corps de dix mille hommes, comprenant ses deux bataillons primitifs — mesure qui fut promptement mise à exécution.

A partir de ce moment jusqu'au jour où il entra imprudemment en hostilité avec le gouvernement britannique, Sindhyah obtint dans ses guerres des triomphes rapides et non interrompus qui lui valurent, à lui et à son successeur, d'importantes acquisitions territoriales.

Boigne gagna pour son maître les sanglantes batailles de Patoun et de Mairtha, dont la première, livrée le 20 juin 1790 à l'armée de l'empereur, soutenue par les princes radjpoutes de Djypore et de Djondpore, laissa entre les mains du vainqueur cent pièces de canon, cinquante éléphants, deux cents étendards et tous les bagages de l'armée défaite.

Ces grandes victoires, résultat incontestable de la valeur et de la discipline des régiments de Boigne, convainquirent si complétement Sindhyah de l'incomparable supériorité des troupes régulières, qu'il chargea l'heureux général de lever deux nouvelles brigades sur le même modèle que la première, assignant à leur entretien un territoire d'un revenu annuel de cinq millions et demi de francs. Il le nomma en même temps commandant en chef dans l'Hindoustan.

Plus tard, l'officier européen conduisit son armée contre Holkar, qui avait profité de l'absence de Sindhyah à Pounah pour envahir et ravager son territoire. Holkar, dans cette circonstance, avait quatre bataillons d'infanterie régulière commandés par le chevalier du Dernaig, officier français distingué, et ayant réussi à faire sauter, au commencement de l'action, dix caissons de Boigne, il se trouva en mesure d'opposer à celui-ci la plus obstinée résistance qu'il eût jamais rencontrée. Toutefois les quatre bataillons de du Dernaig furent anéantis, et leurs canons, au nombre de trente-huit, tous pris, et presque tous leurs officiers européens tués. Cette bataille, qui eut lieu près du village de Lakhairi, en septembre 1792, paraît avoir été la dernière affaire sérieuse où se soit trouvé Boigne.

En 1794, Madhadji-Sindhyah mourut et eut pour

successeur son petit-neveu Daoulat-Rao, que Boigne, sentant sa santé faiblir en conséquence de ses incessants travaux, se décida à quitter en 1796.

Boigne a été sans comparaison possible le meilleur soldat et l'homme le plus intègre qui soit arrivé au commandement suprême chez aucun des princes mahrattes. Son caractère est resté à l'abri de toute accusation de trahison ou de cruauté. C'était un homme de résolution, doué, au milieu des dangers les plus imminents, de cette décision énergique plus rare et plus précieuse que la simple bravoure. Les maîtres qu'il servit paraissent avoir eu en lui une absolue confiance. Un officier qui a longtemps servi sous ses ordres parle ainsi de son caractère :

« De Boigne est fait par nature pour gouverner et commander. Son instruction n'est guère au-dessus de l'ordinaire. Il sait cependant assez bien le latin ; il parle et écrit facilement le français, l'italien, le persan, l'hindoustani et l'anglais. Observateur attentif des caractères et des penchants des hommes, il est gai et affable en même temps que ferme et résolu. Il sait dominer complétement ses passions. Sur le théâtre où depuis dix ans il joue un rôle si important, on le craint et on l'idolâtre à la fois. Dans les derniers temps, son nom seul causait plus d'effroi que son artillerie. J'en citerai un singulier exemple. Nodjod-Kouli-Khan, à ses derniers moments, conseilla à sa begoum de résister dans la

forteresse de Canound aux efforts de ses ennemis :
« Résistez-leur, insistait-il, mais si de Boigne pa-
» raît, rendez-vous. »

» Cette réputation n'était assurément point usur-
pée : la preuve en est dans ses victoires d'Agra,
de Patoun, de Mairtha, de Lockairi et une foule
d'autres de moindre importance. Jamais il ne perdit
une bataille. On le regretta longtemps aux Indes. Sa
justice était peu commune, singulièrement équi-
librée entre la sévérité et la douceur. Il possédait
l'art de gagner la confiance des princes et des sujets.
Actif et persévérant à un point incroyable, il se donnait aux affaires de la nature la plus variée, du lever
du soleil jusqu'à minuit, et cela sans aide européen
— car il n'accorde pas inconsidérément sa confiance. A ce labeur incessant il a sacrifié une des
plus robustes constitutions qu'ait jamais formées la
nature. Il est de haute taille, fortement membré,
avec une charpente de géant, des traits accentués et
des yeux perçants.

» Il a porté la puissance de Madhadji-Sindhyah à
un degré que ce chef n'aurait jamais pu atteindre
ni sérieusement espérer, et cette puissance il l'a
assise sur les bases d'une armée forte, bien disciplinée et bien payée... Daoulat-Rao-Sindhyah possède
maintenant les troupes les plus nombreuses, les
mieux disciplinées à l'européenne qu'ait jamais eues
un prince indien, et il peut jeter le défi, ce qu'il a

fait, à l'empire mahratte tout entier. Il a six brigades régulières, outre des bataillons détachés; elles se composent de trente bataillons de cipayes, et dix de nodjils, de sept cents hommes chacun; de deux mille cavaliers réguliers et de trois cents pièces de canon. Il a en outre cent mille hommes de cavalerie mahratte, et deux mille fantassins irréguliers. Tous les autres Européens ont échoué dans des entreprises analogues, faute de fonds pour la solde régulière. De Boigne le comprit tout d'abord, et il décida Sindhyah à consacrer certains revenus à cet objet. »

Il est un trait de Boigne qu'il ne faut pas passer sous silence. Il apporta tous ses soins à adoucir les horreurs de la guerre par tous les moyens possibles. Tout officier ou soldat blessé touchait un certain nombre de jours de solde, en proportion de la gravité de sa blessure, et cela durant tout le temps nécessaire à sa guérison. Tous les estropiés recevaient, avec une pension viagère, une concession de terre; les parents du militaire tué participaient aux mêmes avantages. Aucun autre gouvernement indigène n'en a fait autant.

Les constants succès de Boigne prouvent la supériorité, sur des masses de cavalerie, de l'infanterie disciplinée, soutenue par des canons et bien commandée, alors même qu'elle n'a que de mauvais fusils comme ceux de cette époque. Dans chacune des rencontres de Boigne avec les Radjpoutes, ceux-ci firent ce que les plus déterminés cavaliers pouvaient tenter pour enfoncer les bataillons, poussant leurs charges jusque sur la bouche des canons et sabrant les servants de pièces. Mais il les battit toujours en leur infligeant des pertes énormes, bien qu'ils eussent une fois réussi à exterminer presque une de ses brigades sans se laisser arrêter par la mitraille et la pointe des baïonnettes de l'infanterie.

A propos de la bataille de Mairtha, le colonel Tod écrit dans ses annales du Radjpoutana :

« S'il y avait eu une réserve à ce moment, la journée de Mairtha eût dépassé celle de Touga. Mais là encore l'habileté de Boigne et la discipline de ses troupes l'emportèrent sur la valeur indisciplinée et non contenue. L'armée rhatore n'avait pas d'infanterie pour assurer sa victoire. Les canons firent une évolution, la ligne se reforma prête à recevoir un nouveau choc; de nouvelles volées de boulets et de mitraille vinrent moissonner les rangs éclaircis, et c'est à peine si sur leurs quatre mille hommes un seul échappa à la mort. »

Boigne, revenu en Europe, vécut encore de longues années de prospérité dans sa ville natale. Il avait rapporté de l'Inde une splendide fortune qu'il dépensait splendidement. Le château qu'il bâtit à Chambéry (1), et les jardins et les plantations dont il

____

(1) La villa Buisson, située aux portes de la ville.

l'orna étaient également magnifiques. Les honneurs ne lui manquèrent pas non plus. Il reçut de Victor-Emmanuel, son souverain (la Savoie appartenait alors au Piémont), le titre de comte et la grand'croix des Saints-Maurice et Lazare. En outre, son buste en marbre, commandé par le roi, orna la bibliothèque publique de Chambéry. Le roi de France Louis XVIII, entraîné par l'exemple, créa Boigne maréchal de camp, et lui donna la croix de Saint-Louis et celle de la Légion d'honneur.

Boigne épousa une Française qui a laissé un nom dans la société parisienne; mais ce mariage ne fut point heureux, les deux époux vécurent rarement ensemble.

Si Boigne aimait pour lui-même le luxe, il était très-généreux pour les autres. Il faisait un noble usage des richesses qu'il avait honorablement acquises non-seulement par l'excédant des revenus des territoires à lui abandonnés pour l'entretien de ses troupes, mais par ses grandes affaires commerciales avec Lucknow. C'est ainsi qu'il consacra près de quatre millions en fondations philanthropiques et en embellissements de diverse nature pour sa ville natale.

Chambéry dut à ses libéralités un collége, un théâtre, des fontaines, des promenades et des rues nouvelles, entre autres une fort belle rue à arcades que la reconnaissance municipale a baptisée du nom de « rue de Boigne ». Il légua en outre un demi-million pour la construction d'un hospice d'aliénés; trois cent mille francs pour un dépôt de mendicité; deux cent mille francs pour la fondation de nouveaux lits dans les établissements hospitaliers existants; cent mille francs pour faire apprendre des métiers à des jeunes filles — toutes libéralités qui ne l'empêchèrent pas de laisser six cent mille francs de rente viagère à sa veuve et des dons nombreux à ses serviteurs.

Benoît de Boigne mourut à Chambéry le 21 juin 1830, à l'âge de quatre-vingts ans.

II

PERRON. — GEORGES THOMAS. RAYMOND.

Son successeur dans l'Inde, Perron, fut un homme d'une tout autre nature. Boigne était éminemment simple et droit; Perron, lui, aimait l'intrigue. Boigne était loyal dans ses rapports avec tous ceux qui servaient sous lui, quelle que fût leur nationalité; le colonel Anglais Skinner parle tout différemment de la conduite de Perron, auquel il reproche sa partialité pour les Français, partialité assez naturelle cependant, on en conviendra.

« Perron, dit-il, avait, dans le choix de ses agents, une préférence marquée pour ses compatriotes, à l'exclusion de tous les autres, et cela non-seulement au point de dégoûter les Mahrattes, mais d'exciter contre eux la jalousie des Anglais. »

Boigne, au contraire, était si bien disposé pour ces derniers, qu'il stipula formellement, en s'engageant au service de Sindhyah, qu'il ne serait pas forcé de combattre contre eux. Perron, lui, ne cessa jamais d'être hostile à l'Angleterre; c'est même poussé par ce sentiment qu'il envoya un embassadeur à Napoléon Ier. Mais encore une fois n'oublions pas la différence des nationalités entre Boigne et Perron.

Le radjah de Djypore ayant refusé de payer aux Mahrattes le tribut stipulé, un corps de troupes fut chargé de l'aller punir. Perron, dans cette circonstance, ne commanda pas l'armée; il était en ce moment dans l'Hindoustan, où se trouvait son quartier général; mais Skinner, alors très-jeune militaire, prit part à l'action, et il l'a décrite avec entrain.

« Les Rhatores, dit-il, s'approchaient au nombre de plus de dix mille; le bruit de leur masse compacte s'élevait comme un tonnerre au-dessus des clameurs de la bataille. Ils arrivèrent d'abord au galop ordinaire, et pressèrent leur allure en approchant. L'artillerie bien servie de la brigade faisait pleuvoir sur eux la mitraille, les sapant par centaines à chaque décharge. Mais cela ne les arrêta pas. Ils arrivaient comme un ouragan, foulant aux pieds de leurs chevaux quinze cents d'entre eux, couchés par terre par le canon. Ni le feu nourri de la mousqueterie, ni les haies de baïonnettes ne réussirent à les arrêter; ils passèrent comme un torrent par-dessus

la brigade (celle de du Dernaig) et l'écrasèrent
complétement. Puis, comme s'ils n'eussent rencontré qu'un obstacle insignifiant, ils ne regardè-
rent pas même derrière eux, et continuèrent leur
charge à fond sur la cavalerie de la seconde ligne.
Celle-ci se débanda comme un troupeau de moutons,
et les Rhatores la poursuivirent l'épée dans les
reins pendant plusieurs milles. »

Skinner ajoute que du Dernaig ne s'échappa qu'en
« se jetant à terre parmi les morts », et il rapporte
que l'ennemi, revenant sur ses pas au son des cymbales, après avoir donné la chasse aux fuyards,
chargea deux fois les brigades non enfoncées, et
que nombre de cavaliers pénétrant dans les carrés
y furent tués à coups de baïonnette.

C'étaient de très-braves soldats que les Radjpoutes, et il est triste vraiment de penser que faute
d'union et de saine politique, ils se laissèrent
écraser et piller par les Mahrattes, peuple inférieur à eux sous tous les rapports. Sans doute ils
avaient leurs vices : ils étaient adonnés à l'opium
d'une façon immodérée, et, qui pis est, leur orgueil de caste et leur crainte de dérogation sociale
les poussaient à sacrifier sur l'autel de leur divinité
leurs filles au berceau.

Cette coutume, qui existe encore dans le Radjpoutana, a été combattue non sans succès par le
gouvernement britannique. Espérons que l'influence

non-seulement des hommes d'État anglais, mais des mères et des épouses anglaises finira par l'extirper complétement.

Vers cette époque, Perron se trouva en contact et aussi en hostilité avec un des hommes les plus remarquables à certains égards qui aient figuré alors sur la scène de l'Inde nord-occidentale. L'Irlandais Georges Thomas était peut-être le plus humble par la naissance et le moins favorisé par l'éducation, des nombreux soldats de fortune du moment. Arrivé aux Indes comme quartier-maître à bord d'un bâtiment de guerre, d'autres disent comme simple matelot, en 1771, il quitta son vaisseau (en désertant probablement) et entra au service des Polygars, petits princes indigènes, chefs sauvages des montagnes et des jungles situés au sud de Madras. Après plusieurs années passées dans ces parages, il s'enfonça hardiment dans le vaste territoire placé entre lui et le but qu'il avait en vue, et, arrivant par la suite à Delhi, il se mit au service de la begoum Somrou.

On ne connaît rien des aventures qui lui advinrent dans ce périlleux voyage. Ceux qui savent ce qu'était l'Inde à cette époque, comment le pays pullulait d'hommes en armes, les uns organisés en bandes de plusieurs centaines ou de plusieurs milliers, les autres simples voleurs de grand chemin, marchant seuls ou par troupes; comment personne n'osait habiter une demeure isolée; comment chaque village avait ses fortifications; ceux-là, disons-nous, pourront apprécier dans une certaine mesure les difficultés et les périls d'une pareille entreprise. On ne connaît pas davantage les détails de son entrée au service des puissances du nord-ouest. Quoi qu'il en soit, Georges Thomas passa plusieurs années auprès de la begoum, se battant avec succès contre les Sikhs et autres envahisseurs, jusqu'au jour où il fut remplacé par un autre prétendant aux faveurs de cette princesse, par Levasso, probablement, l'individu qu'elle prit fort inconsidérément pour second mari.

Mais Thomas était un homme trop utile pour rester longtemps sans emploi. Engagé bientôt par Appa-Kandaro, vassal de Sindhyah, il fut chargé de réduire les Zemindars réfractaires, et obtint l'autorisation de se conquérir un fief pour entretenir les troupes qu'il avait été chargé de lever. Appa-Kandaro, atteint d'une maladie mortelle, se noya, dit-on, dans la rivière Djomna, et à partir de ce moment Thomas ne paraît plus avoir reconnu de maître. Des ouvertures lui furent faites plus d'une fois pour entrer au service de Daoulat-Rao-Sindhyah, et Perron négocia même avec lui à cette fin en lui offrant des conditions qui eussent tenté bien des gens. Mais, soit qu'il se défiât de Perron, soit qu'il eût des vues plus ambitieuses, il rompit la conférence et se retira dans son fief.

Thomas, en effet, se distinguait des autres aventuriers non-seulement par l'obscurité de son origine et par l'exploit qu'il avait accompli de traverser seul l'Inde dans toute sa longueur, en quête d'un emploi, mais encore par la singulière hardiesse de ses aspirations, en ce sens qu'il paraît avoir seul entretenu l'idée de s'établir comme prince indépendant. Les vastes domaines qu'il avait conquis par les armes ne reconnaissaient pas d'autre maître que lui. Ce territoire, ou une partie du moins, lui avait été cédé ostensiblement par les Mahrattes; mais, en somme, ceux-ci disposaient d'une chose qui ne leur appartenait pas, les habitants étant indépendants de fait; or Thomas avait contre lui, pour conquérir le pouvoir suprême, la formidable opposition d'une population très-guerrière.

Laissons-le d'ailleurs raconter sa propre histoire :

« C'est ici, dit-il, que j'établis ma capitale, rebâtissant les murs de la ville depuis longtemps en ruine et réparant les fortifications. Comme elle était abandonnée depuis longtemps, j'eus des difficultés à lui procurer des habitants. Mais peu à peu, et avec de la douceur, je choisis de cinq à six mille individus auxquels j'accordai toutes les libertés possibles. J'établis un hôtel des monnaies et fis frapper mes roupies dont je fis la monnaie courante dans mon armée et dans le pays, car dès le commencement de ma carrière à Djydghore j'avais résolu de me rendre indépendant. J'employai des ouvriers et des artisans de toute espèce, et je jugeai que désormais la force des armes seule pourrait me maintenir au pouvoir. J'augmentai le nombre de mes soldats, je fondis ma propre artillerie, je commençai à fabriquer des fusils et de la poudre, enfin j'organisai de mon mieux les préparatifs d'une guerre offensive ou défensive. Après m'être conquis une capitale et un pays touchant aux territoires des Sikhs, je voulais me mettre en mesure, le cas échéant, de tenter la conquête du Pundjâb et d'aspirer à l'honneur de planter le drapeau de la Grande-Bretagne à Attok, sur les rives de l'Indus. »

En vérité, on pourrait dire de Georges Thomas ce que le roi d'Écosse disait de Johnny Armstrong, un héros de grand chemin : « Que manque-t-il à ce coquin qu'un roi puisse désirer? » Mais Thomas n'était pas un coquin dans le sens ordinaire du mot. C'était au contraire un homme d'une honnêteté peu commune. Comme tous les soldats de fortune et comme beaucoup d'autres soldats, il faisait assez peu de cas de la vie de ses ennemis; mais il n'était pas cruel de propos délibéré, et pour les siens il était éminemmeut bon, créant des pensions pour les blessés et pour les veuves et les enfants de ceux qui tombaient sur le champ de bataille. La guerre serait une moins terrible chose qu'elle ne l'est, si tous les chefs de corps étaient aussi humains que le fut Georges Thomas.

Un fait à remarquer, que nous aurons l'occasion de signaler plus d'une fois non-seulement dans la carrière de cet homme, mais dans toutes les chroniques de cette période, c'est le dédain avec lequel est invariablement traitée la puissance militaire des Sikhs. On sait ce que plus tard devint cette puissance et quelle différence il y a entre les soldats sikhs que connurent Thomas et Perron et ceux qui tinrent tête aux forces britanniques commandées par lord Gough. Cette différence était extrême.

Du jour où il forma la résolution hardie de se créer une principauté indépendante, jusqu'à celui de sa chute finale, Thomas fut engagé dans des conflits incessants avec tous ses voisins, Radjpoutes, Mahrattes, Djâts et Sikhs. Jusqu'au moment où il fut écrasé par les forces infiniment supérieures de Perron, il paraît avoir été uniformément heureux partout. L'extrait suivant de l'ouvrage du major Franklin (1) donne l'idée des bénéfices que le chef irlandais tirait de ces combats.

« Ainsi finit (c'est Thomas qui parle) une campagne de sept mois où j'avais eu plus de bonheur

(1) *Military Memoirs of George Thomas who by extraordinary talents and entreprise rose from an obscure situation to the rank fo a general in the service of the native powers in the north-west of India*, by W. Franklin, cap/ain of infantry, etc. Calcutta, 1803.

que je n'en pouvais réellement attendre. J'étais entré en ligne avec seulement cinq mille hommes et trente pièces de canon. Je perdis en tués et blessés près d'un tiers de mon effectif, mais l'ennemi perdit cinq mille hommes. Je réalisai à peu près deux cent mille roupies en dehors de la solde de mon armée, et j'en devais recevoir cent mille autres en échange des otages qui me furent livrés. J'explorai le pays, je fis des alliances; en définitive, je devins dictateur de tous les pays appartenant aux Sikhs au sud de la rivière Sutledji. »

Outre les payements d'argent, Thomas imposa à ses ennemis d'autres conditions onéreuses. Ainsi il força le radjah de Pouttialla à lever le siége du fort où s'était réfugiée sa sœur, à rétablir celle-ci dans sa position première, et à payer une indemnité considérable.

Quand Thomas fut définitivement à bout de ressources et contraint de se rendre, il put encore stipuler qu'il serait escorté avec les honneurs de la guerre par un bataillon de cipayes commandé par un officier anglais jusqu'au plus proche cantonnement de troupes britanniques. De ce point il se rendit à Bénarès, où il paraît être resté plusieurs mois et où il rencontra son biographe, le capitaine Franklin.

Malheureusement, après toutes ses épreuves et ses périls, après avoir nombre de fois affronté la mort dans les combats, Georges Thomas mourut sans avoir pu revoir sa terre natale ni même Calcutta. Il mourut et fut inhumé à Berhampore, alors siége de garnison anglaise.

Si l'on peut lui pardonner, ce qui à cette époque et sous l'empire des circonstances où il se trouvait passait rarement pour un crime, d'avoir versé le sang, et cela en abondance, dans des querelles qui ne le regardaient pas, et d'avoir à l'occasion fait preuve d'une extrême violence de caractère, il faut, pour être juste, admettre qu'il fit souvent des actes de générosité extrêmement remarquables, qu'il était scrupuleusement fidèle à tous ses engagements, qu'il n'abandonna ni ne trahit jamais un ami ou un allié, et qu'il possédait à un haut degré de nobles qualités qui lui assurèrent l'attachement et le dévouement de tous ceux qui servirent sous lui, à quelque race qu'ils appartinssent.

Il nous reste à raconter une anecdote remarquable de la fin de la carrière de ce personnage. Il demeura toujours sujet fidèle du gouvernement britannique, et il ne rêva la conquête du Pundjâb que pour l'annexer aux domaines de son souverain.

En descendant le Gange pour aller à Bénarès, il rencontra la flotte de lord Wellesley alors en route pour Lucknow. Il fut invité à bord du bâtiment du gouverneur général, qui profita de l'occasion pour se renseigner non-seulement sur les forces des Mahrattes, mais sur la géographie des immenses provinces que Georges Thomas connaissait si bien. La carte de l'Inde nord-occidentale était dépliée sur la table, et Thomas, promenant sa large main d'un bout à l'autre, s'écria : « Tout ceci devrait être rouge ! » (la couleur qui teintait les possessions anglaises). Et il advint en effet que, très-peu d'années après, l'ambition toujours en alerte de Sindhyah amena un conflit entre ce prince et la Compagnie anglaise des Indes, et que les plus belles de ces provinces arrachées au Mogol par les Mahrattes passèrent par droit de conquête à l'empire britannique.

Perron a été accusé à tort des revers de Sindhyah. Qu'il ait eu un goût particulier pour l'intrigue, qu'il ait montré une préférence partiale, facile d'ailleurs à comprendre, pour ses compatriotes, et qu'il ait favorisé leur avancement aux dépens non-seulement de leurs camarades anglais, mais de Mahrattes dont les bons services méritaient récompense, cela est possible ; mais on lui a reproché d'avoir abandonné le maître qui l'avait comblé d'honneurs et d'argent, alors que ce maître s'était attiré la dangereuse colère du gouvernement britannique. Il est certainement hors de doute que Perron ne resta pas auprès de Sindhyah jusqu'à la fin, comme il aurait pu le faire et comme l'eussent fait des Boigne et des Georges Thomas, s'il se fût agi d'une guerre engagée avec toute autre puissance que la puissance anglaise. Mais quand on examine les choses de plus près, on voit que Perron avait eu récemment une juste cause d'offense contre le prince mahratte. Celui-ci, qui l'avait traité fort mal et qui, s'il eût osé, l'aurait traité plus mal encore, même au dernier moment de son pouvoir, n'était pas en droit d'exiger un zèle très-chaud du général français. Le colonel Skinner, témoin de la scène, a raconté les détails de cet accroc dans les relations du prince et du général.

Perron avait été mandé par Sindhyah à Ohjein, où ce chef était campé. Il y fut reçu très-froidement. Arrivé au camp le 20 mars, ce n'est que le 26 qu'il fut invité à se rendre près du maharadjah, et encore Sindhyah, « qui s'amusait à enlever des cerfs-volants », le fit-il attendre deux heures. Quand Perron fut admis enfin en sa présence, il n'eut qu'une courte audience d'une demi-heure, au bout de laquelle « Sindhayh pria Perron de retourner à son camp; ce que fit celui-ci, mais en emportant au cœur un profond dégoût du traitement qu'il venait de recevoir de son maître. Huit jours se passèrent ensuite sans que Perron eût la moindre nouvelle, le moindre message de Sindhyah ».

En même temps le général recevait d'un officier mahratte du plus haut rang, son ami, l'avis de se tenir sur ses gardes, « attendu que le maharadjah avait résolu de s'emparer de sa personne pour l'enfermer dans un lieu d'où il ne serait probablement plus sorti vivant ».

« Perron, continue Skinner, au courant des intrigues de ses ennemis, s'attristait et se décourageait, quand enfin la crise parut sur le point d'éclater. Un jour fut fixé pour tenir un durbar auquel Perron et ses officiers furent invités. A ce durbar, Sindhyah, avec son beau-père Sordji-Rao-Ghatkea, avait formé le complot de s'emparer du général français, et avait chargé de ce soin cinq cents pathans, appartenant à Badahour-Khan et plusieurs autres de ses favoris.

» Perron toutefois fut instruit de ce complot, et il donna l'ordre à tous les officiers indigènes des deux brigades, en descendant jusqu'au grade de djémadar, ainsi qu'à tous les officiers européens, de venir en armes assister à sa visite à Sindhyah.

» Notre grande tenue comprenait une paire de pistolets passés dans nos ceinturons, et ces pistolets, il recommanda qu'ils fussent chargés. Nous étions en tout trois cents officiers indigènes et trente Européens. Ainsi préparés, nous nous rendîmes au durbar, large tente dressée tout exprès pour la circonstance.

» A neuf heures du matin nous arrivâmes devant la tente avec Perron à notre tête. Sindhyah se leva pour nous recevoir, et tous nous présentâmes nos nazzars. Nous fûmes alors invités à nous asseoir à la gauche du prince, la droite étant occupée par les pathans, qui nous regardaient d'un air furieux. Quand nous fûmes assis, Sindhyah, se tournant vers Perron, fit remarquer que l'invitation ne concernait que lui et son état-major européen; à quoi Perron répondit qu'en organisant ainsi sa suite, il n'avait fait que suivre l'ancien règlement imposé par le prince lui-même et par son oncle. Cette réponse ferma la bouche au prince.

» Pendant tout ce temps, nous demeurions assis tranquillement, nous regardant entre nous, tandis que de mystérieux chuchotements s'échangeaient entre Sindhyah, Gopaoul-Rao et Sordji-Rao. Ce fut, je crois, Gopaoul-Rao qui conseilla au maharadjah de ne tenter aucun acte de violence, attendu que non-seulement lui-même, mais tout son monde serait taillé en pièces par le corps d'élite que Perron avait amené.

» Sindhyah ordonna alors aux pathans de se retirer; sur quoi tous se levèrent en nous regardant comme s'ils avaient voulu nous dévorer, tandis que les nôtres leur riaient au nez avec la plus parfaite insouciance.

» Quand ils furent partis, Sindhyah et Sordji-Rao se mirent à accabler Perron de flatteries et à essayer de le séparer de sa garde; mais, soutenu comme il l'était par son vieil ami Gopaoul-Rao, Perron était trop vieux soldat pour se laisser cajoler de la sorte. Ordre fut donné de nous apporter des khiluts à tous, et après les avoir reçus, nous présentâmes nos nazzars, que le prince accepta gracieusement. Le bétel circula, et permission nous fut donnée de nous retirer.

» Perron se leva alors, et tirant son épée, il la déposa aux pieds de Sindhyah, disant qu'il avait vieilli assez à son service et qu'il ne lui convenait pas de recevoir un affront de coquins éhontés et de fiers-à-bras dissolus; que tout ce qu'il demandait, c'était de résigner sa charge. Puis s'adressant à nous, il nous dit que dorénavant c'était à Sindhyah que nous aurions à obéir directement, car quant à lui il était maintenant trop vieux pour supporter un outrage, et qu'il se retirait.

» Sindhyah là-dessus se leva et embrassa Perron, l'assurant qu'il le regardait comme son oncle, et qu'il n'avait pas la moindre idée de ce qui avait pu l'offenser. Des compliments sans nombre s'échangèrent alors entre eux; mais, en prenant congé, Perron avertit Sindhyah de se défier de Sordji-Rao-Ghatki, qui le perdrait; conseil auquel tous les vieux chefs mahrattes firent chorus, en félicitant Perron du parti qu'il avait pris.

» A la fin nous retournâmes au camp, où plusieurs jours se passèrent en transmission de messages réciproques de la cour et du camp et en visites de la part de chefs indigènes envoyés pour arranger les choses. Mais Perron était trop indigné pour se laisser apaiser. »

Après une manifestation si claire des projets formés contre sa liberté au moins, sinon contre sa vie, on ne pouvait raisonnablement pas attendre que Perron conservât pour son perfide maître des sentiments bien ardents de fidélité et encore moins d'affection. M. Fraser, le biographe de Skinner, dit : « Si Perron avait été honnête et sincère au lieu d'être un traître comme il l'était, les Mahrattes auraient donné infiniment de peine aux Anglais. » Sans doute Perron, attaché de cœur au maharadjah, aurait pu diriger les opérations des Mahrattes avec plus d'habileté et peut-être plus de succès que les officiers inférieurs sur qui retomba le commandement de ses brigades; mais après la provocation dont il avait été l'objet, il lui aurait fallu être plus qu'un homme pour livrer sa vie au caprice d'un prince sans foi, auquel il n'était lié par aucun sentiment de patriotisme, et aux embûches froidement concertées duquel il avait échappé de si près.

En outre, Perron avait, semble-t-il, été positivement relevé par Sindhyah de son commandement en chef avant que lord Lake eût entamé les hostilités.

Quoi qu'il en soit, Perron ne tira pas l'épée contre les troupes britanniques; il saisit, au contraire, la première occasion qui se présenta pour quitter les brigades et se rendre aux Anglais. La plupart des officiers français suivirent promptement son exemple. Les officiers anglais avaient été auparavant congédiés par Perron, qui répondit aux observations de Skinner en lui criant en mauvais anglais :

« Non, non, monsieur Skinner, je n'ai pas confiance, je n'ai pas confiance, et tous vous vous en irez. Adieu, monsieur Skinner, je n'ai pas confiance, je n'ai pas confiance! »

Et tournant la bride de son cheval, il partit sans tenir compte de l'expression de colère que lui lança l'officier anglais.

C'est que Skinner, à cette époque, était lié au service mahratte, et ne connaissant rien des qualités de l'armée anglaise, il croyait fermement que les troupes qu'il avait si souvent conduites ou vu conduire à la victoire reviendraient encore triomphantes. Ce ne fut qu'après s'être enfin laissé persuader qu'il entra au service britannique, et seulement alors à la condition — qu'à son honneur lui accorda lord Lake — qu'il ne servirait pas contre Sindhyah.

Nous avions longtemps cherché en vain des renseignements dignes de foi sur les mouvements de Perron après son départ de l'Inde, quant au moment où nous nous y attendions le moins nous avons trouvé trace de lui dans les *Mémoires de Bourrienne*.

Bourrienne, nommé ministre à Hambourg en juin 1805, note l'arrivée dans ce port, en septembre de l'année suivante, de Perron, et par un second navire, de Bourguien, autre général indo-français, qui, en qualité de successeur de Perron, avait commandé l'armée mahratte à la bataille de Delhi. On ne voit pas où ces deux personnages ont passé la longue période intermédiaire; mais naturellement, à cette époque, il n'y avait pas de communication directe entre l'Inde anglaise et aucune partie de la France et de ses dépendances; il est donc probable que ces officiers durent employer beaucoup de temps et éprouver beaucoup de peine à obtenir les moyens de retourner dans leur pays natal, même par un long circuit.

L'inimitié qui existait, paraît-il, entre les deux généraux s'explique facilement. Bourguien, à qui Perron avait laissé le commandement de Delhi, avait intrigué contre lui. « Affirmant, dit Fraser, que Perron trahissait et était passé aux Anglais, Bourguien invita ses troupes à le mettre (lui Bourguien) à leur tête, leur promettant de les conduire à la victoire. » Non content de cela, Bourguien « écrivit à la cavalerie, à Muttra, pour l'informer que Perron était un traître, et lui enjoindre de s'emparer de lui ».

C'était là une attaque suffisamment grave, d'autant plus surtout qu'il pouvait y avoir quelque vérité au fond, car, à cette époque, on avait avec plus ou moins de fondement prêté à Perron le projet de se rendre à lord Lake, bien qu'il n'eût pas encore été remplacé par Sindhyah dans son commandement.

Bourguien, de son côté, détestait cordialement Perron, d'après la maxime de Tacite, applicable à tous les temps et à tous les pays : *Odi quem læseris.*

« Il n'est personne, écrit Bourrienne, qui n'ait entendu parler du fameux général Perron, qui a joué un si grand rôle chez les Mahrattes et près du prince Sindhyah. Il y avait un peu plus d'un an que j'étais à Hambourg quand il arriva. Il vint me demander un passe-port, et j'eus avec lui les conversations les plus amusantes sur ses aventures vraiment extraordinaires.

» Il me dit qu'il avait possédé plus de cinquante millions, mais que pour pouvoir s'embarquer dans un port des Indes orientales il avait été obligé de payer aux Anglais des sommes si considérables, que cela lui avait coûté plus des trois quarts de ses richesses. Plusieurs de ses malles étaient remplies de magnifiques cachemires. Il eut la bonté de m'en offrir.

» Le général Perron était manchot. Il avait avec lui deux enfants, un garçon et une fille, nés d'une mère indienne, et dont la peau cuivrée rappelait leur origine maternelle. Le costume de ces enfants était si original, qu'ils servirent pendant quelque

temps de spectacle partout où ils allaient. Leur cou
et leurs bras étaient ceints de grands anneaux d'or
pur, mais ce collier et ces bracelets ne ressemblaient
point à ceux que portent les femmes d'Europe, que
l'on met et ôte à volonté; ils avaient été soudés sur
place, et cela avec tant de perfection, qu'il était
presque impossible d'en distinguer la soudure. Ces
enfants ne savaient pas un mot de français, leur
père paraissait les aimer beaucoup et les caressait
sans cesse.

» Quelques jours après l'arrivée du général Perron, arriva aussi du Bengale M. Bourguïen, qui prit
comme lui un passe-port pour la France. Il était en
guerre ouverte avec M. Perron, qui m'avait parlé de
lui dans des termes pareils. Ils professaient un profond mépris l'un pour l'autre, et s'accusaient tous
deux avec acharnement de la ruine des Mahrattes;
mais tous deux avaient fait une immense fortune. Je
ne sais ce qu'est devenu M. Bourguien; quant au
général Perron, il vit retiré dans une terre magnifique qu'il a achetée dans les environs de Vendôme.
Il s'est remarié et a eu de ce second lit d'autres enfants qu'il a parfaitement élevés. Une de ses filles,
un ange, a épousé, il y a quelques années, un M. de
la Rochefoucauld; mais peu de mois après cette
union la mort l'a enlevée aux adorations de tous
ceux qui la connaissaient. J'ai connu son mari sous-
préfet à Sens. »

Perron avait vécu assez longtemps chez les Mahrattes pour avoir appris à fond l'art de grossir les choses. Bourrienne l'avait cru sur parole lorsqu'il lui raconta que les Anglais, qui en réalité l'avaient accueilli avec courtoisie, l'avaient dépouillé des trois quarts de sa fortune avant de lui laisser quitter l'Inde. Le fait demanderait confirmation pour pouvoir être admis.

A côté de Perron se place un autre Français qui joua un certain rôle dans les Indes auprès du Nizam du Décan : nous voulons parler de Michel-Joachim-Marie Raymond, mort le 6 mars 1798 à Haïderabad.

Né à Sèrignac, près Auch, le 20 septembre 1755, d'une famille de commerçants, Raymond, muni d'une pacotille, partit à l'âge de vingt ans aux Indes pour y chercher fortune. Là, entraîné par l'amour des aventures, il entra comme sous-lieutenant dans le corps commandé par le chevalier de Lassé au service de Tippou-Sahib. En 1783, il passa comme capitaine dans les troupes françaises, et après être devenu aide de camp de Bussy, il quitta le service français en 1786.

Une recommandation de Cossigny, gouverneur de Pondichéry, auprès du Nizam Mohamed Ali-Khan, lui obtint, avec la faveur de ce prince, une solde de cinq cent roupies par mois (douze mille fr.) qui devait lui servir à lever un corps d'infanterie. Ce corps arriva bientôt au chiffre de quatorze mille hommes très-bien disciplinés et comptant dans ses cadres plusieurs officiers français. Les Anglais insistèrent à diverses reprises, mais en vain, pour qu'il fût dissous; ils en firent enfin un *casus belli*, et les échecs qu'ils reçurent prouvèrent qu'ils n'avaient pas trop présumé de sa valeur.

« Après la prise de Pondichéry (21 août 1793), dit M. de Lacaze, Raymond recueillit les débris des Français et en forma cinq régiments d'infanterie et un parc de soixante-seize pièces. En 1794, la guerre ayant éclaté, à l'instigation des Anglais, entre le Nizam et les Mahrattes, Raymond prit le commandement de l'avant-garde mongole, et, secondé par Perron, autre officier français, il repoussa plusieurs fois la cavalerie des Mahrattes en formant des carrés de ses fantassins; il balança ainsi les honteuses défaites des troupes du Nizam, qui put obtenir la paix.

» En 1796, Raymond battit et fit prisonnier à Sangareddy Ali-Behadder, fils du Nizam, révolté contre son père et appuyé par les Anglais. Il survécut peu à cette dernière victoire et mourut subitement (le 6 mars 1798), empoisonné, dit-on, par le premier ministre du Nizam, Machir-Moulouk, plus dévoué aux Anglais qu'à son maître. Ali-Khan lui fit des funérailles magnifiques. Le corps d'armée qu'il commandait passa sous les ordres de Perron.

BATAILLE DE SANGAREDDY.

» Raymond avait fait adopter à ses soldats l'uniforme français, et ses drapeaux étaient surmontés
de l'emblème de la liberté. Tout en lui reprochant sa
haine implacable contre leur nation, les écrivains
anglais rendent justice à sa valeur, à sa loyauté, à
ses talents. »

III

JAMES SKINNER

Les aventures de James Skinner ont été longue-
ment et agréablement racontées par M. James Baillie
Fraser (1), l'auteur de *Kuzzilbash*, roman afghano-
persan, très-populaire de son temps, et de voyages
dans diverses parties de l'Orient. Skinner était fils
d'un officier écossais de la Compagnie des Indes et
d'une femme radjpoute. Personne n'avait été mieux
élevé pour le métier de soldat. Il n'obtint cependant
pas de hauts grades au service des princes mahrattes, comme Boigne et Perron, car il était jeune
encore quand il fut très-péremptoirement congédié
par ce dernier général, qui n'avait pas une exces-

(1) *Military Memoirs of lieut.-col. James Skinner, C. B., for many
years a distinguished officier commanding a corps of irregular ca-
valery in the service of the H. E I. C.* By J. Baillie Fraser. London,
1851.

sive tendresse pour les officiers anglais, sentiment
que, d'ailleurs, Skinner rendait avec usure au général français.

Skinner ne paraît pas avoir eu de commandement
plus important que celui d'un bataillon. Il fit toutefois dans cet emploi un excellent service et passa par
de grands périls.

Dans une circonstance, en 1800, il échappa de
bien près à la mort. De concert avec le radjah de
Karoli, il eut à combattre le chef d'Ouneara. Le
radjah était un poltron et ses soldats des traîtres,
de sorte que Skinner eut à soutenir seul, avec son
bataillon, le choc d'un ennemi infiniment plus nombreux, ayant infanterie et cavalerie. Au plus fort
de l'affaire, il crut devoir adresser quelques paroles
à ses hommes : « Je leur fis, dit-il, une courte allo-
cution. Je leur dis que nous étions en train d'essayer d'échapper à une chose inévitable pour nous
tous — la mort, — et que, puisque tel était le cas,
il nous fallait mourir en soldats. »

Le dénoûment ne se fit point attendre.

« Je m'étais débarrassé de l'infanterie, qui ne
s'était pas montrée très-acharnée, mais la cavalerie
continuait à nous charger, et mes hommes cédaient
le terrain rapidement... J'avais cependant encore
trois cents bons soldats et ma pièce de canon. Toutefois une troupe de cavaliers me pressa si fort, que je
crus devoir faire un mouvement en avant avec cent

hommes pour arrêter le choc. Mais quand je me retournai, je vis que dix hommes seulement m'avaient suivi, le reste ayant battu en retraite près du canon. J'allais les rejoindre, quand un cavalier arriva sur moi au galop, avec fusil en main, et m'envoya une balle dans l'aine. Je tombai et perdis aussitôt connaissance. Moi par terre, mes braves et malheureux camarades tombèrent à leur tour. Je ne crois pas que sur les mille hommes que j'avais il en échappa cinquante.

» Il était à peu près trois heures de l'après-midi quand je tombai ; je ne recouvrai le sentiment que le lendemain à l'aube. Quand je revins à moi, je me rappelai bien vite ce qui était arrivé, car plusieurs autres blessés gisaient à mes côtés. Mon pantalon était le seul vêtement qui m'eût été laissé ; je me traînai jusque sous un buisson pour m'abriter du soleil. Deux hommes de mon bataillon s'y traînèrent aussi : l'un était un soubahdar, qui avait la jambe droite emportée au-dessous du genou, l'autre un djemadar, qui avait un coup de lance dans le corps.

» Nous mourions de soif, pas une âme autour de nous ! nous restâmes dans cet état tout le jour, invoquant la mort. Hélas ! la nuit seule vint. La lune était dans son plein et fort brillante. Vers minuit, il fit très-froid. Cette nuit fut si terrible pour moi, que je fis le serment, si je survivais, de renoncer à tout jamais au métier de soldat.

» De toutes parts les blessés demandaient de l'eau à grands cris. Les chacals déchiraient les morts à belles dents et s'approchaient de nous de plus en plus pour voir si nous étions bientôt prêts à être dévorés. Nous ne les tenions à distance qu'en leur jetant des pierres et en faisant du bruit. Ainsi se passa cette longue et horrible nuit.

» Le lendemain nous aperçûmes un homme et une vieille femme qui venaient à nous avec un panier et un peu d'eau. A chaque blessé ces braves gens donnaient du pain et un peu à boire. Ils firent de même pour nous; j'en remerciai le ciel et eux. Mais le soubahdar était un Radjpoute de haute caste, et la femme était une Tchoumar (ou de la plus basse caste), il ne voulait recevoir d'elle ni pain ni eau. J'essayai de le persuader d'accepter; il me répondit que dans l'état où nous étions, il ne nous restait que quelques heures à vivre, et que pour si peu cela ne valait pas la peine d'abdiquer ses croyances.

» Je demandai à la femme où elle demeurait, elle me donna le nom de son village. Vers trois heures de l'après-midi, un officier du radjah d'Ouneara arriva suivi de cent cavaliers, de coolies et de beldars (porteurs), avec ordre d'enterrer les morts et d'envoyer les blessés au camp. Le pauvre soubahdar put alors avoir de l'eau. Arrivé au camp, nous trouvâmes une large tente où les blessés de mon bataillon étaient réunis ; il y en avait trois cents, si j'ai bonne mémoire. Lorsqu'on m'apporta, tous s'écrièrent : « Ah ! voilà notre cher capitaine ! » et plusieurs m'offrirent du pain, de l'eau, ou ce qu'ils avaient. L'officier m'avait enveloppé dans un grand drap lorsqu'il m'avait ramassé ; je fus bien heureux de me retrouver avec autant de mes braves compagnons.

» Ma blessure fut alors pansée par les médecins indigènes, et la balle extraite. Le radjah, prévenu de mon arrivée, m'envoya chercher immédiatement. Sa tente était tout à côté ; on m'y porta sur mon tcharpan (lit bas). Le radjah se leva à mon entrée lorsque je le saluai, et envoyant chercher un morah (tabouret), il s'assit à côté de moi, me demanda mon nom et mon grade, puis il me renvoya à ma tente avec beaucoup de compliments sur ma conduite pendant l'action.

» A peine étais-je dans ma tente qu'un tchobdar vint de la part du radjah m'apporter cinq cents roupies et des mets pour mon dîner. Je pris alors cent roupies que j'offris au tchobdar ; quant aux quatre cents autres et aux mets, je les distribuai à mes hommes. Pour moi, le chirurgien me donna une forte dose d'opium qui me procura une bonne nuit de sommeil.

» Le lendemain matin, le radjah me fit dresser une petite tente à mon usage, mais je demandai à

rester avec mes hommes. Alors lui-même vint s'asseoir à mon chevet et m'entretint pendant une heure
de différents sujets, puis il m'envoya des aliments
de sa propre table, et fut bon et généreux avec les
blessés.

» Nous restâmes dix jours avec lui au camp, après
quoi il nous envoya dans sa capitale d'Ouneara, où
nous fûmes logés dans une grande maison de pierre.
Il nous rejoignit peu de temps après, me fit une
visite tous les jours, et me permit d'écrire à Perron,
à la condition que la lettre serait en persan. Nous
restâmes là un mois, puis on nous envoya tous à
Bhortpore, et avant de nous séparer il me fit un
beau présent comprenant un cheval, un bouclier et
un sabre. Chacun de mes hommes reçut aussi dix
roupies, et les officiers indigènes davantage. Je suis
heureux de dire que mon ami le soubahdar se rétablit aussi promptement. »

M. Fraser ajoute en note :

« Cette généreuse conduite du radjah d'Ouneara,
un des moins importants des princes radjpoutes, ne
peut manquer de frapper le lecteur, comparée surtout à la conduite de Holkar et de quelques autres
chefs indigènes. Elle est une preuve de cet esprit
chevaleresque qui, de longue date, était l'honneur
des tribus radjpoutes. »

Quel héros de la chevalerie européenne, quel
Bayard, quel Sidney eût pu montrer plus de bonté,

plus de générosité envers un ennemi vaincu? L'auteur anglais fait justement ressortir le contraste existant entre le Mahratte Holkar et le petit chef radjpoute. On peut en effet consulter tout son livre, à peine si l'on y trouvera un trait de générosité à citer d'un Mahratte. La perfidie est dans le caractère de cette race. Leur histoire est pleine d'assassinats, de tortures, d'exécutions brutales, de massacres de prisonniers, depuis Sevadji jusqu'à nos jours, et Nana-Sahib, le cruel héros de Cawnpore, était bien le digne rejeton de la souche d'où il sortait.

Les Radjpoutes sont des hommes d'un type tout différent. Eux seuls sont la véritable aristocratie de l'Inde; eux seuls ont des attaches réelles dans l'affection de la généralité de leurs sujets. Sur beaucoup de points où les Mahrattes étaient maîtres, les hommes de leur race étaient très-peu nombreux. Sir John Malcolm écrivait au commencement du siècle qu'il n'y avait pas plus de Mahrattes sur les possessions du radjah de Hagpore qu'il n'y avait d'Anglais au Bengale. La proportion est encore aujourd'hui à peu près la même.

Jusqu'au moment de l'ouverture des hostilités entre Sindhyah et le gouvernement britannique, Skinner continua de commander un bataillon mahratte, et comme son père était mort, il ne paraissait pas se croire lié à l'Angleterre au point de s'affranchir volontairement des obligations militaires qui le liaient au maître qu'il servait depuis plusieurs années. Ce que dit M. Fraser de ses sentiments donne même à penser qu'il nourrissait de grandes préventions contre les compatriotes de son père et contre le service britannique.

Il tâcha, nous l'avons vu, de persuader à Perron de lui rendre son grade, et il refusa d'accepter les offres de lord Lake autrement qu'à la condition expresse de ne pas avoir à servir contre Sindhyah. A cette condition, lord Lake consentit, ce qui fut aussi libéral que sage, et de ce moment Skinner s'attacha au service de la Compagnie des Indes avec la loyauté et le dévouement qui distinguent éminemment son caractère. Après avoir gagné la faveur de tous les généraux sous lesquels il avait servi — lord Lake, le marquis de Hastings, sir David Ochterlony et lord Cumbermere, — il reçut le brevet de lieutenant-colonel de l'armée britannique et la croix de commandeur du Bain (1).

Le radjah de Djypore avait refusé de payer à Sind-

______

(1) Le colonel Skinner a laissé une grande fortune et de nombreux enfants de ses diverses femmes. De mœurs, et probablement de religion, il était plus mahométan que chrétien; il ne faut pas oublier d'ailleurs que sa mère était née mahométane. Le Conseil privé d'Angleterre a eu récemment à décider en deux circonstances de questions relatives à l'hérédité de ses biens et à la religion de sa famille. Une de ces causes avait pour objet de déterminer si sa petite-fille, miss Victoria Skinner, devait être élevée dans la religion musulmane ou dans la religion chrétienne.

hyah le tribut stipulé, et, comme nous l'avons dit, une armée avait été envoyée contre lui pour l'y forcer. Une bataille s'ensuivit où, en dépit de la valeur de la cavalerie rhatore, l'infanterie disciplinée l'emporta, et les Radjpoutes furent mis en déroute. Skinner fut envoyé en reconnaissance avec trois cents cavaliers pour s'assurer du point jusqu'où la fuite avait eu lieu. Il trouva le camp ennemi entièrement abandonné.

« Mes hommes, dit-il, se dispersèrent pour piller, et moi-même, avec deux d'entre eux, j'allai en avant et atteignis le bungalow (1) du radjah lui-même, la plus merveilleuse chose que j'eusse jamais vue, entièrement tapissé de broderie et de velours rouge. J'entrai et ne vis qu'or et argent. En ouvrant un des coffres de culte du radjah j'y trouvai deux idoles d'or avec des yeux de diamant que je glissai immédiatement dans ma poitrine. Je trouvai aussi plusieurs autres bijoux que je pris également... En revenant je trouvai un poisson de bronze avec deux chowris pendant de sa bouche comme des moustaches. Cet objet attira ma curiosité, et je l'attachai à ma selle. Sur ma route, au retour, je rencontrai nombre de petits chefs mahrattes, allant et venant, qui tous me regardaient et riaient sans que je pusse alors savoir pourquoi. »

____

(1) Habitation indigène.

A son retour au camp, Skinner fut mandé par son chef. Il n'était pas sans quelque inquiétude, car il craignait pour ses idoles et ses bijoux. Il trouva le commandant supérieur mahratte assis sous un gros arbre. Comme on ne lui avait pas 'dit d'abord ce qu'on lui voulait et que tout le monde riait, son embarras devint plus grand. A la fin le général lui demanda ce qu'il avait d'accroché à sa selle.

« C'est un poisson de bronze, répondit Skinner.

— Voulez-vous me le donner? dit le général.

— Bien volontiers, répondis-je, pourvu que vous ne me demandiez rien de plus.

» Là-dessus je détachai le poisson et le lui présentai... Il m'expliqua alors que ce poisson était le Mahi Maratib lui-même (littéralement « le poisson des dignités ») ou l'insigne impérial d'honneur accordé par le roi de Delhi au radjah. »

Skinner se doutait peu du haut prix attaché à l'objet qu'il avait accroché si dédaigneusement à sa selle.

Le jour où lord Lake emporta par un coup de main la solide forteresse d'Allyghur en en faisant sauter la porte et en donnant l'assaut avec le 76ᵉ d'infanterie, Skinner, debout sur le glacis, suivait l'assaut d'un œil triste, ayant perdu son commandement chez les Mahrattes, et n'ayant point encore été reçu dans le service de la compagnie. Il avait été saisi d'admiration à la manière dont le 76ᵉ était entré dans le fort par d'étroits passages commandés par des murs crénelés (avec une perte, il est vrai, de deux cent dix-sept hommes dont dix-sept officiers).

La lutte avait cessé quand il vit sortir de la porte brisée un simple soldat évidemment épuisé de fatigue, la bouche noire d'avoir déchiré des cartouches, et ployant sous le faix d'un énorme sac de roupies qu'il portait sur ses épaules. Le soldat se dirigeait à pas lents vers le camp, lorsqu'il fut attaqué par deux soldats de la cavalerie indigène, en petite tenue, qui paraissaient décidés à le dépouiller de son butin bien gagné. Le fantassin se défendit comme il put; mais épuisé et embarrassé par son fardeau, il allait être accablé quand, ouvrant soudainement son sac, il répandit les roupies sur le sol. Les assaillants aussitôt se jetèrent sur ce butin qu'ils se mirent à ramasser lestement. Tandis qu'ils étaient ainsi occupés, le volé bien avisé chargea son fusil, tua l'un des voleurs et planta sa baïonnette dans le corps de l'autre, puis il se remit tranquillement à remplir son sac.

Le colonel Skinner raconta à cette époque cet épisode à lord Lake, lequel essaya de retrouver l'homme qui avait si heureusement défendu l'aubaine qu'il tenait par droit de conquête. Mais celui-ci, évidemment, crut bon, en pareil cas, de s'en tenir à la maxime *pauca verba;* il garda le silence... et les roupies.

COMBAT SOUS LES MURS D'ALLYGHUR.

Bien qu'il n'entre pas dans nos vues de suivre la carrière de Skinner après l'entrée du brillant officier au service britannique, il est un autre passage qui jette tant d'éclat sur son nom et sur le corps qu'il commandait, que nous ne voulons pas l'omettre.

« J'atteignis Coel, dit-il, le 27, après les plus rudes fatigues qu'un corps de troupes quelconque ait jamais éprouvées. A la poursuite de Holkar, l'armée avait fait cinq cent milles, et à celle de Mir-Khan, sept cents. Le corps que je commandais fut le seul corps hindoustani qui pendant tout ce temps ait continué la poursuite. Il faisait le service du camp et ne fut jamais moins de dix-huit heures en selle sur les vingt-quatre. Le commandant et les officiers des deux détachements le savaient bien.

» Dans ces deux expéditions, mes hommes, le fait est positif, firent un service double de celui du reste de l'armée régulière. Que de fois, lorsqu'ils étaient à l'arrière-garde, ils ont ramassé les dragons européens épuisés, leur ont donné leur place sur leurs propres chevaux et les ont ainsi reconduits au camp ! Malgré toutes ces fatigues, jamais ils ne laissèrent échapper une plainte, jamais ils ne commirent d'infraction à la discipline, jamais ils ne tournèrent le dos à l'ennemi, très-supérieur à eux souvent par le nombre... Dans ces deux campagnes, j'eus la satisfaction de recevoir de Son Excellence deux sabres et

une paire de pistolets, ce qui était considéré comme
une grande faveur et une marque de haute satisfaction. »

Quand on se reporte à la condition de l'Inde du
nord, de l'ouest et du centre, de l'époque — pour
ne pas remonter plus haut — à laquelle Madhadji-
Sindhyah commença à prendre des officiers européens à son service jusqu'à la fin de la campagne de
lord Hastings contre les Mahrattes et leurs satellites
les Pindaris ; quand on prend l'état des choses comme
un type de la société indigène sous le gouvernement
de princes d'un caractère sans cachet particulier,
on s'étonne qu'un homme d'État aussi perspicace
que lord Salisbury ait pu en arriver à douter que
le gouvernement britannique ait été réellement
regardé par la masse de la population indigène
comme valant mieux que le gouvernement des
princes indiens.

Sans doute le gouvernement des Mogols, sous les
meilleurs souverains de cette nationalité, était de
beaucoup supérieur à celui des Mahrattes, lesquels
semblaient se regarder plutôt comme des conquérants campés pour une saison sur les territoires occupés par eux que comme des maîtres destinés à
rester là définitivement. Mais le sceptre des Mogols
avait été brisé sans ressource ; le pays entier, plongé
dans le chaos, était dévasté par des armées hostiles,
et il est parfaitement certain que si les Anglais ne

s'étaient pas interposés, le joug mahratte se serait perpétué indéfiniment du golfe de Bengale à l'Hymalaya.

Ce qu'était ce joug, l'historien ne peut le raconter sans se trouver obligé de forger tout exprès des mots nouveaux. Le « wulsa » d'un district était l'exode de la population tout entière allant chercher un refuge dans les forêts, au milieu des bêtes féroces, moins impitoyables que les Mahrattes et les Pindaris. Il n'y avait plus de hameaux, encore moins de maisons isolées, les villages (toujours très-éloignés les uns des autres) avaient leurs fortifications et leurs fossés, où tous les habitants à portée de ces villages couraient se réfugier. Lorsqu'un pareil centre était pris, tout était mis au pillage. Les hommes étaient brutalement torturés pour leur faire livrer leur argent, et les femmes étaient ou enlevées par les envahisseurs ou tuées par leurs maris ou leurs pères pour les sauver du déshonneur.

Il semble impossible d'exagérer les atrocités commises dans ces provinces et les maux qui en résultèrent. Des districts appartenant à la présidence de Bombay et aux provinces centrales souffrent encore aujourd'hui, après plus d'un demi-siècle, de la misère et de la dépopulation causées par leurs envahisseurs.

Ceci n'est pas une figure de langage, mais un fait positif; et telle aurait été la condition de l'Inde entière si la puissance britannique n'avait pas élevé une barrière contre ce débordement de rapine et de sang. Personne, en effet, ne peut prétendre que la société indigène possédât assez de vitalité et de force pour se sauver elle-même. Le temps, sans doute, a rendu moins vif le souvenir de ces indicibles horreurs. Mais la tradition le conserve encore, et les populations, même aujourd'hui, savent parfaitement la différence qu'il y a entre le passage à travers leur pays d'une armée anglaise et le passage d'une armée mahratte, entre un percepteur anglais et un mamlutdar mahratte.

Ce que sont aujourd'hui les populations indiennes, elles le doivent exclusivement au gouvernement des dominateurs européens. Si ce gouvernement n'avait point existé, les Mahrattes aujourd'hui pressureraient sans limite les États rádjpoutes, si déjà il ne les avaient complétement anéantis; cette même cavalerie, douée d'ubiquité, aurait ravagé et mis à contribution toute l'Inde méridionale, et les Sikhs auraient occupé toutes les provinces nord-occidentales et l'Oude. Les deux races dominantes se seraient ensuite jetées l'une sur l'autre. Entre deux meules pareilles, les peuples soumis de toutes races eussent été écrasés. L'exemple des Anglais et la puissance anglaise combinés ont fait les États indigènes ce qu'ils sont. Bref, si les populations sont plus heureuses sous les princes vassaux de l'Angleterre qu'elles ne l'étaient sous les prédécesseurs de ceux-ci, il y a cent ans, elles doivent en rendre grâce au gouvernement britannique.

IV

ALLARD. — VENTURA. — AVITABILE. COURT.

A l'époque dont nous nous occupions plus haut, les Sikhs, nous l'avons dit, étaient très-peu estimés comme soldats. Ils semblent avoir été généralement défaits chaque fois qu'ils ont essayé de faire irruption dans l'Hindoustan, et Georges Thomas parle avec grande confiance de traverser, avec sa très-petite armée, tout le Pundjâb, pour aller planter son drapeau à Attok, sur les bords du Sind ou Indus. Tous les auteurs consultés par nous font peu de cas de leurs qualités militaires, et l'on sait que lord Metcalfe, dont l'escorte avait repoussé une violente attaque faite par eux sur son camp, alors qu'il séjournait comme ambassadeur à Lahore auprès de Rundjet-Sing, exprima une grande surprise en apprenant avec quelle vigueur ils avaient attaqué les troupes britanniques commandées par lord Gough, et combien

les victoires des Anglais avaient été achetées chère-
ment. Il estimait les forces de Rundjet-Sing à douze
mille hommes au temps de sa mission, et comme
ces troupes, à cette époque, étaient absolument
dépourvues d'instruction européenne, il s'était
fait une très-mince opinion de leur valeur militaire.

Il y a près de cinquante ans, une lettre de Lahore,
écrite au résident de Delhi, racontait que Rundjet-
Sing, passant en revue un corps nombreux de sa
cavalerie, avait demandé à un des officiers européens récemment entrés à son service combien il
faudrait de ces beaux lurons pour passer sur le
ventre d'un régiment d'infanterie anglaise : « Plus
de cent mille », répondit tranquillement l'officier.
Au rebours de la plupart des princes asiatiques,
Rundjet eut la sagesse de prendre cette opinion dé-
courageante du bon côté, et d'en profiter. Jamais,
jusqu'à sa mort, il ne se mesura avec une force britannique. Ses successeurs, ou plutôt la turbulente
soldatesque à laquelle ils commandaient nomina-
lement, furent moins sagaces. Ils passèrent le Sutledji pour marcher sur Delhi; de là, après un in-
tervalle de quelques années, la destruction presque
entière de la belle armée de Rundjet et l'annexion
du Pundjâb.

Mais entre l'époque de la question de Rundjet
touchant l'efficacité de sa cavalerie et le jour où

l'armée des Sikhs franchit le Sutledji, un grand changement en mieux s'était effectué dans la discipline, et, par suite, dans la valeur de cette armée. Rundjet avait levé de nombreux corps d'infanterie; il les avait fait instruire soigneusement par des officiers européens, et si efficace avait été cette mesure que les troupes qui attaquèrent lord Gough et lord Hardinge sur la rive gauche du Sutledji étaient, sans comparaison possible, le plus formidable ennemi que la puissance anglaise eut jamais à combattre dans l'Inde. Une artillerie nombreuse avait été créée, et cette artillerie était composée de pièces avec lesquelles l'artillerie de campagne de l'armée anglaise était absolument incapable de lutter. Tous les succès des Anglais dans la première campagne contre les Sikhs leur coûtèrent énormément et ne furent dus qu'au brillant courage des troupes de ligne qui chargèrent les batteries et s'en emparèrent.

Les Sikhs devaient leurs beaux canons, aussi bien que la discipline et la cohésion de la brave infanterie qui les soutenait, entièrement aux officiers européens que le sage Rundjet avait attachés à son service. Ses principaux généraux étaient tous des Français ou des Italiens : MM. Allard, Ventura, Avitabile et Court; quoique tous eussent quitté, croyonsnous, le pays avant que la prévoyante politique de Rundjet eût été abandonnée, ils laissèrent derrière

PASSAGE DU SUTLEDJI.

eux un legs de discipline et de solidité qui, tout en gonflant les Sikhs d'une idée extravagante de leur propre valeur, leur fit tenir bon, épaule contre épaule, dans leurs rudes engagements avec l'infanterie britannique.

M. Lepel-Griffin a fort bien raconté la transformation de l'armée des Sikhs dans son ouvrage sur *les Radjahs du Pundjâb*.

« Sous le maharadjah Rundjet-Sing, dit-il, l'armée subit un changement presque complet. La cavalerie cessa d'en être le corps principal; l'infanterie devint l'arme favorite. Cela fut dû pour une bonne part à quelques officiers européens que le maharadjah prit à son service et qui introduisirent l'idée, devenue générale en Europe, de la supériorité de l'infanterie sur la cavalerie. Quelques-uns de ces officiers, Allard, Ventura, Avitabile et Court, étaient des hommes d'une habileté consommée et parfaitement compétents pour accomplir tout ce qu'ils avaient promis. L'infanterie sous eux devint un corps formidable, bien discipliné et solide, quoique lent à évoluer. La résistance du fantassin à la fatigue était, en outre, énorme; un régiment faisait sans broncher trente milles par jour plusieurs jours de suite. L'enrôlement dans l'armée régulière, sous le règne du grand maharadjah, était absolument volontaire, mais il n'y avait pas la moindre difficulté à trouver des recrues, car le service était très-populaire...

» La cavalerie sikh, au temps de Rundjet-Sing, était, en règle générale, misérablement montée et équipée; elle était plus renommée pour sa rapidité à prendre la fuite lorsqu'elle était attaquée, que pour la valeur dont elle faisait preuve en attaquant.

» A pied, le Sikh est un des plus braves et des plus solides soldats, et bien conduit, il n'est pas douteux qu'il ne tînt contre les meilleures troupes européennes. Il est mal à l'aise à cheval; il ne vaut ni les Afghans ni les Hindoustanis, qui lui sont très-inférieurs comme fantassins. Au temps de Rundjet-Sing, l'infanterie se recrutait dans la jeunesse du pays. On ne prenait que les plus beaux hommes et les plus forts; tandis que la cavalerie était composée d'irréguliers, contingents des différents sirdars, et pour lesquels on n'exigeait aucune condition de bravoure ni de force. Les chevaux étaient petits, faibles, mal nourris, et les équipements étaient de la nature la plus grossière. »

Ces cavaliers et l'infanterie sikhs, tels qu'ils étaient avant d'avoir été instruits par leurs chefs français, étaient les troupes que Thomas, non sans raison sans doute, prétendait balayer de sa route dans sa marche sur l'Indus. Ce qu'ils devinrent après, les Anglais l'apprirent plus tard à leurs dépens, ainsi que les Afghans et autres peuples d'au delà de l'Indus. Avec son infanterie disciplinée, Rundjet-Sing

enleva aux mahométans Peschawer et ses dépendances jusqu'à l'entrée de la passe du Khyber, et
cette nouvelle frontière a été annexée avec le reste
du Pundjâb à l'Inde britannique.

Des Européens que nous venons de nommer
comme ayant été les principaux officiers employés
par Rundjet-Sing à discipliner ses soldats, Allard
était, croyons-nous, le seul d'une naissance et d'une
éducation distinguées. Né à Saint-Tropez (Var), en
1785, il avait été officier dans l'armée de Napoléon Iᵉʳ, où Ventura était sergent. Après l'assassinat
du maréchal Brune, à l'état-major duquel il était attaché, Allard résolut de quitter la France pour aller
en Égypte avec d'autres Français. D'Égypte il passa
en Perse, puis à Caboul, et enfin à Lahore. Il entra
dans le Pundjâb avec Ventura; mais nous ignorons
si les deux compagnons d'armes avaient voyagé ensemble depuis leur départ d'Europe. Avant d'atteindre l'Inde, ils s'étaient vus dans un tel dénûment
qu'ils avaient été obligés, pour gagner leur pain, en
un point de leur trajet, de se faire balayeurs dans
une mosquée.

Allard sut bien vite gagner la confiance du maharadjah Rundjet-Sing. Il lui inspira l'idée d'organiser
une armée à la française. Avec cette armée Rundjet-
Sing défit ses ennemis et établit l'unité au milieu
des peuples sykhs, et reconnaissant envers l'homme
auquel il devait ses succès, il le combla d'honneurs

et le nomma généralissime des armées du Lahore.

Comme avait fait Raymond pour les troupes du Nizam, Allard établit dans le Pundjâb tout le système militaire français, uniforme, équipement, théorie. Les trois couleurs françaises devinrent le drapeau national des Sykhs. Les lettres de Victor Jacquemont sont pleines à ce propos de curieux détails ; grande fut la surprise du voyageur, à son arrivée à Lahore, d'entendre commander en français le détachement d'honneur de troupes indigènes que le général Allard lui avait fait donner à sa résidence (1).

(1) Le voyage de Victor Jacquemont au Lahore fut, comme il l'écrit lui-même, « une véritable féerie, un rêve des *Mille et une Nuits* ». A l'époque où il explorait les versants de l'Himalaya, l'intrépide naturaliste songeait avec envie au moyen de visiter les domaines de ce fameux monarque hindou Rundjet-Sing dont les Anglais lui avaient tant parlé depuis son arrivée dans l'Inde. L'occasion de réaliser ce rêve s'offrit à lui dès son retour à Simlah, poste militaire anglais entre le Sutledji et la Djomna. Il trouva là une lettre du général Allard qui l'invitait à se rendre à Lahore, lui assurant aide et protection dans les recherches qu'il lui plairait d'entreprendre au nord du Sutledji et dans la province de Cachemyr, alors dépendance du royaume sikh. En même temps lord William Bentinck lui faisait remettre une lettre de recommandation pour Rundjet-Sing lui-même.

Entré dans les États du maharadjah le 2 mars 1831, le savant français les traversa dans toute leur longueur, et arriva le 8 mai à Cachemyr, où, par les soins d'Allard, il fut installé dans le palais de plaisance des anciens empereurs mogols. Après être resté plusieurs mois dans ce curieux pays, Jacquemont revint le 19 septembre à Lahore, où Rundjet-Sing, qui l'avait pris dans une rare affection, lui offrit, dit-on, la vice-royauté de Cachemyr. Mais, ainsi que le remarque un de ses biographes, la science, chez Jacquemont, l'emportait sur l'ambition. Le jeune savant s'arracha aux délices de Lahore

En 1835, au bout de vingt ans d'absence, Allard voulut revoir sa patrie. Il reçut partout en France un accueil des plus flatteurs. Après un court séjour à Paris, où il laissa sa famille, il repartit pour son pays adoptif où il mourut. Le roi Louis-Philippe lui avait donné le titre de chargé d'affaires.

« Allard n'a pas survécu longtemps à son retour dans l'Inde, dit l'article que lui a consacré la *Biographie générale;* pendant qu'il passait à Peschawer la légion française en revue, il fut saisi de violents vomissements et mourut huit jours après. Selon le désir qu'il avait témoigné, il fut enterré à Lahore. Il laissa après lui le général Ventura et le général Court. »

La grande position d'Allard aux Indes avait excité des jalousies dans l'entourage indigène du maharadjah. Aussi sa mort a-t-elle été attribuée au poison. Plusieurs de ses officiers français du Lahore, qu'il nous a été donné de connaître (1), ne mettaient pas le fait en doute.

Pour une raison ou une autre, Allard n'exerça jamais de fonctions civiles au Lahore; mais Ventura fut pendant longtemps administrateur du Rechaab Doab, et résida à Vuzerabad, sur la rivière Tchenab.

pour retourner à Delhi poursuivre ses travaux... et mourir, épuisé de fatigues, quelques mois plus tard (octobre 1832), à Bombay.

(1) Entre autres le colonel Lafond, devenu colonel de gendarmerie en France, qui fit comme tel la campagne du Mexique, et qui, plus tard, fut l'un des organisateurs d'un des premiers régiments de francs-tireurs parisiens dans la guerre de 1870-71.

On n'a rien dit de lui en bien ou en mal dans sa carrière civile. Sa veuve, il y a plusieurs années, sollicita et obtint une pension du gouvernement de l'Inde. Il est mort en France (1).

Court ne paraît guère avoir été qu'un simple officier instructeur.

Mais Avitabile, le quatrième, Napolitain de naissance, a laissé de sanglantes empreintes sur le district qu'il commandait. Chargé de la frontière, il résidait à Peschawer, où il exerçait de pleins pouvoirs civils aussi bien que militaires. Ce territoire d'au delà de l'Indus avait été conquis par les Sikhs sur les Afghans. La population était principalement mahométane, et impatiente par conséquent de la domination infidèle. Les montagnards au delà de la frontière étaient même plus turbulents, si c'est possible, que les habitants de Peschawer et de son voisinage immédiat. On faisait assez bon marché de la vie dans ces parages, et gouverner une telle population était une tâche aussi pleine de dangers que de difficultés. Avitabile sut dominer complétement la situation. On trouve une très-vigou-

(1) Le général Ventura était d'origine piémontaise. En 1849, après avoir réclamé et obtenu la naturalisation française, il voulait attaquer la Compagnie des Indes en restitution de domaines qui lui auraient été confisqués au Lahore. Nous l'avons connu à cette époque; il se proposait alors de retourner chez les Sikhs, et il nous fit l'offre de l'y accompagner.   O. S.

reuse peinture de son administration et de son
caractère dans un roman écrit il y a quarante ans
par sir Henri Lawrence, sous le titre d'*Aventures
dans le Pundjâb*.

« Ce qu'on peut dire de mieux en faveur du général Avitabile, écrit l'auteur, c'est qu'il a été placé
là, non pour gouverner des hommes, mais pour
dompter des animaux féroces, pour écraser une
race qui supporte le joug avec la même bonne
grâce qu'y mettrait un taureau furieux, et qui, si
elle pouvait surprendre ses maîtres endormis, ces-
serait bientôt de les avoir pour maîtres. Malheureusement l'officier européen agit comme un sauvage
chez des sauvages, au lieu de leur montrer qu'un
chrétien peut tenir un sceptre de fer sans le souiller
par des cruautés inutiles ou des vices personnels.
Le général Avitabile a ajouté les pendaisons som-
maires au catalogue indigène, assez ingénieux déjà,
des peines à faire subir. Le général a pour système,
entre autres, quand un Sikh ou un de ses soldats
disparaît dans un village ou dans le voisinage d'un
village de sa juridiction, de rançonner le village ou
de l'obliger à livrer le meurtrier. Comme cette dernière alternative est moins coûteuse que l'autre, le
village livre une ou plusieurs victimes prises au
hasard, et la justice est satisfaite.

» Cependant le général Avitabile a beaucoup des
qualités d'un bon chef; il est brave, actif, intelli-

gent, voit tout par lui-même, est debout à toute heure. Il a, par la seule terreur de son nom, sauvé bien des existences. Ayant la réputation de ne redouter ni homme ni diable, il contient par la crainte ce qui ne se laisserait contenir par rien autre. Sa sévérité peut donc s'excuser comme le moindre de deux maux; mais rien ne saurait justifier une sensualité brutale tendant à dégrader le nom de chrétien aux yeux des plus abominables spécimens des créatures de Dieu parmi lesquelles il vit. La morale d'Avitabile est toute orientale, évitant l'emploi de la force partout où la ruse peut réussir, et considérant les populations soumises comme gens taillables à merci.

» De sa personne, il est grand et fort; il a une barbe rude et épaisse, dont il ne garde que les favoris et les moustaches. Son visage dur et peu sympathique est marqué de petite vérole et porte souvent l'expression des passions les plus mauvaises; ce qui ne l'empêche pas d'avoir ses moments agréables. Sans éducation, mais doué d'un grand sens naturel et d'habileté, il parle avec facilité le persan et le pandjabi. Ayant une influence étrange sur ceux qui l'entourent, il se laisse aussi influencer par eux. Son histoire offre une étude curieuse, et quand sa génération aura passé, c'est à peine si cette histoire sera crue. »

« Nous savions parfaitement, avant d'avoir lu

cette appréciation, dit le rédacteur de la *Revue d'É-dimbourg* qui la cite, qu'Avitabile gouvernait avec une main de fer la province placée sous son commandement, et qu'il avait réussi à dompter les peuplades sauvages des deux côtés de la frontière par la promptitude de ses mesures de répression et la sévérité inouïe des peines qu'il infligeait ; mais tout ce que nous avions appris du caractère sanguinaire et dépouvu de tout scrupule des mesures adoptées par lui pour inspirer la terreur est encore au-dessous, nous l'avouons, de ce que nous a révélé un document tombé récemment entre nos mains.

» Nous avons en ce moment sous les yeux le fac-simile d'un sunud, ou concession accordée par Avitabile, écrit en persan et conçu en ces termes :

« Par la grâce de (ici le sceau) l'Être immortel,

» Amar ed (ici le sceau) Daoulah Dilawar Jung chevalier général Avitabile, sahib Bahadour.

» Aujourd'hui les villages de Kari-Tchaudari et » Chamchou ont été donnés en djagir à Koumer- » ed-din Khan, chef de la cavalerie musulmane de » Peschawer, du 1ᵉʳ asin 1897, aux conditions sui- » vantes de service : Que chaque année il coupera » et apportera devant le sahib Bahadour les têtes de

» cinquante hommes afridis. Il jouira du revenu
» desdits villages à partir de la récolte de l'année
» indiquée, et il est défendu à qui que ce soit de le
» troubler dans sa possession. Cet ordre sera exé-
» cuté.

» Il sera fait une déduction de cinquante roupies
» à titre d'amende audit individu par chaque tête,
» quel qu'en soit le nombre, qui pourra manquer
» dans l'espace de l'année au total indiqué.

» A sa requête, l'octroi de ce djagir a été fait
» par écrit avec les deux stipulations citées.

» Donné à Peschawer, le 4 magh 1897. »

» Il n'est pas besoin de commentaires à un document pareil », ajoute l'écrivain anglais. Nous croyons
fermement au contraire que c'est ici surtout qu'un
commentaire est nécessaire, car nous ne saurions
admettre, même sur la foi du « fac-simile » invoqué,
que ce tribut annuel de têtes coupées ait été imposé sans des conditions restrictives particulières
formulées, qui, si elles n'excusent pas le côté sanguinaire de la mesure, peuvent au moins jusqu'à un
certain point en expliquer l'opportunité momentanée. Les Anglais sont d'ailleurs aujourd'hui les
premiers à reconnaître que le gouvernement britannique a commis une lourde erreur en essayant

de l'extrême opposé pour réprimer les crimes des mêmes tribus.

Pour en revenir à l'état de choses qui vient d'être rapidement esquissé, la faiblesse des troupes sikhs à une époque et leur vaillance extraordinaire à une autre donnent singulièrement à réfléchir et portent en elles leur enseignement. Toutefois l'Angleterre n'a pas à s'inquiéter aujourd'hui de l'infériorité numérique de son armée de l'Inde vis-à-vis des populations de cet immense empire. Sans doute, il est dans les limites de cet empire des peuples qui, à différentes époques et grâce à des circonstances favorables, ont été convertis en bons et solides soldats ; mais il ne faut pas oublier quels ennemis ces armées indigènes ont eus à combattre : des hommes moins braves dans certains cas, et dans d'autres infiniment moins disciplinées qu'elles-mêmes. Depuis la victoire de Clive à Plassey jusqu'au jour présent, les peuples de l'Inde, en dehors des troupes instruites (comme celles que lord Lake a eues à combattre à Laswari, et lord Gough à Sobraon) à compter les unes sur les autres, à demeurer fermes sous le feu et à changer de position sans rompre leurs rangs ; les peuples de l'Inde, disons-nous, n'ont jamais causé d'inquiétude sérieuse à leurs maîtres d'Occident.

L'histoire des officiers de fortune européens dans l'Inde démontre que, même avec l'assistance de ces hommes de mérite, les armées indigènes n'ont jamais pu résister à l'ascendant du gouvernement britannique, et que, privées de cette assistance européenne, elles étaient absolument impuissantes. Et cependant les circonstances étaient bien plus favorables alors au développement d'une puissance militaire indépendante parmi les États indigènes. Il ne pourrait plus surgir aujourd'hui dans les Indes de chefs militaires européens, soldats d'aventure, comme ceux qu'on y a vus à l'œuvre, ni d'armées comme celles qu'ils y ont commandées ; ce n'est pas de ce côté qu'est le danger pour l'Angleterre.

V

CLAUDE MARTIN

Le personnage de François Martin, à qui revient
une place si éminente dans l'histoire des Français
dans l'Inde, comme étant le véritable fondateur de
la grandeur française en Asie, et qu'à ce titre on
a vu figurer aux premières pages de ce livre, remet
forcément en mémoire un autre Français de ce
même nom de Martin, Claude Martin, de Lyon, qui
lui aussi s'est illustré aux Indes, mais au service de
la Compagnie anglaise, dans une sphère d'action
différente, et qu'à cause de cela sans doute on ne
rencontre pas dans l'ouvrage tant de fois cité plus
haut du colonel Malleson.

Les premières biographies, d'ailleurs très-som-
maires, de Claude Martin le représentent comme
un soldat d'aventure qui, dégoûté de la sévérité
de Lally, déserta le drapeau français pour passer

sous celui de nos ennemis, chez lesquels, plus tard, selon l'expression vulgaire, il réussit à faire son chemin: L'épithète de « transfuge » est dure assurément, pour ne pas dire plus. Était-elle méritée? était-elle juste? là est la question. Quoi qu'il en soit, elle a été reproduite, sans apparence de plus ample information, dans les biographies subséquentes, se copiant entre elles à qui mieux mieux (il est si commode en pareil cas d'accepter les opinions toutes faites !), et aucun historien ou biographe ne s'est depuis lors, que nous sachions, préoccupé d'élucider le fait.

Ayant eu l'occasion de visiter à Lyon l'établissement populaire d'instruction dû à la munificence du major général Claude Martin, et d'être mis au courant des établissements analogues que le même Claude Martin créa de ses deniers dans plusieurs villes de l'Inde, concurremment avec d'autres institutions charitables de diverse nature fondées au profit et de ses compatriotes et des populations au milieu desquelles il avait surtout vécu, nous nous sommes senti pris du désir de connaître mieux la vie de cet homme à la philanthropie intelligente, et dont tant d'œuvres généreuses témoignent, quoi qu'on ait pu dire, d'une affection si réelle pour le pays où il était né.

Le livre de M. Malleson nous est aussi revenu en mémoire, et le soin pris par l'auteur de renommées françaises également attaquées nous a donné l'envie de rechercher sur quelles bases reposaient les assertions des premiers biographes de l'illustre Lyonnais.

Nous allons essayer de dire ce que nous savons de la vie du major général Claude Martin; nous nous féliciterions que nos recherches servissent à détruire des opinions erronées sur le caractère d'un homme dont le nom est encore vénéré dans l'Inde, et dont rien ne vient démontrer qu'il ait, à aucune phase de son étonnante carrière, démérité de la France, sa patrie.

Dupleix, malgré tout son génie et son patriotique désir de créer pour la France dans les Indes l'empire qu'y possèdent aujourd'hui les Anglais, avait en vain accompli des prodiges; avec le fatal gouvernement de la mère patrie, l'heure de la décadence avait partout sonné pour la France. Le rappel de l'illustre gouverneur, en 1753, fut bientôt suivi, on l'a vu, d'une paix honteuse qui annihilait pour toujours la puissance des Français sur le continent indien; car plus tard la malheureuse expédition de Lally, qui devait être dans ces contrées le dernier épisode de nos tentatives de conquête, fut loin d'avoir le caractère de grandeur qui avait signalé les entreprises de Dupleix et de Bussy.

Dans le cours de l'année 1752, qui précéda celle du rappel de Dupleix, acte si irréparablement funeste aux intérêts français, arrivait à Pondichéry, comme simple engagé volontaire, un jeune Lyonnais du nom de Claude Martin, celui-là même auquel étaient réservées dans la suite de si brillantes destinées. Claude Martin, que ses biographes font partir, les uns en 1756 avec Lally, les autres en 1757, s'embarqua réellement le 18 septembre 1752, ainsi qu'il résulte des registres du ministère de la marine (1), où figure la date de son engagement et celle de son embarquement.

Cette première erreur, qu'il eût été si facile d'éviter, donne immédiatement à penser que si ces biographes ont été mal renseignés sur ce point très-simple, ils ont pu l'être aussi mal sur d'autres plus importants et plus graves; c'est ce que nous chercherons plus loin à établir.

Claude Martin naquit à Lyon le 4 janvier 1735 (et non 1732); ses premières études se firent au collége de cette ville, où il montra des dispositions exceptionnelles pour les mathématiques et les sciences. A l'âge de seize ans, il songe à quitter la maison paternelle avec un de ses frères plus jeune que lui. Ce sont les Indes qu'ont rêvé les deux écoliers, et les voilà tous les deux contractant un engagement pour les possessions françaises de l'Hindoustan, car on y envoyait encore alors des troupes

_____

(1) Archives du ministère de la marine et des colonies. Volume : Troupes, Recrues, Colonies, depuis le 2 mars 1751 jusqu'au 5 décembre 1751, folio 108.

destinées à y relever notre fortune dont la ruine
était prochaine.

Ce double coup de tête était peu du goût de leur
famille : leur belle-mère, pleine pour eux de tendre
sollicitude, en conçut un vif chagrin. La digne
femme alla trouver l'officier chargé des enrôlements,
et, à force de prières, de supplications, elle obtint
de lui que les deux engagements fussent rompus.
Le plus jeune des frères se laissa fléchir et consentit
à rester chez ses parents. Il n'en fut pas de même
de l'aîné; entraîné vers la carrière des armes par
un penchant irrésistible, et plein d'ailleurs d'un
ardent désir de visiter ces contrées lointaines que
lui avaient fait entrevoir les récits de son enfance,
ses premières lectures et sa vive imagination, Claude
demeura inébranlable dans sa résolution. On dut
donc le laisser partir.

Il s'embarqua à Lorient sur le bâtiment *le Ma-
chault*, et arriva, comme nous l'avons dit, à Pondichéry dans l'année 1752.

En feuilletant attentivement le registre qui nous
a donné le premier renseignement de la date exacte
du départ de Martin pour les Indes, nous y avons
trouvé relatée une revue des troupes de Pondichéry
passée le 30 décembre 1755; Claude Martin y figure
en qualité de dragon, faisant partie des gardes de
M. le gouverneur (1).

(1) Volume : Troupes, Recrues, Colonies, etc, folio 44.

Sur ce même document se trouve mentionnée (1) une autre revue qui eut lieu en l'année 1756, et, parmi les cavaliers d'Aumont de la garnison de Porto-Novo, nous voyons encore Claude Martin, de Lyon.

Des biographes, nous l'avons dit plus haut, ont accusé Claude Martin d'avoir déserté pendant le siége de Pondichéry; quant à la preuve du fait, ils ne s'en sont guère inquiétés. Or, à partir de cette année 1756, malgré les plus scrupuleuses recherches, nous n'avons pas trouvé le nom de Claude Martin porté sur les listes de déserteurs, que toutes cependant, et elles sont nombreuses, nous avons compulsées avec le plus grand soin. Encore une fois, sur quoi donc a-t-on pu baser une accusation pareille? Un fait aussi grave pour la mémoire d'un homme ne saurait s'accepter légèrement, et l'équité voulait qu'on indiquât au moins la source à laquelle ce fait avait pu être puisé. Nous inclinons fortement à penser que dans cette circonstance Claude Martin a été la victime d'une confusion commise entre lui et d'autres soldats du nom de Martin.

Le grand ouvrage de Robert Orme, *Histoire des actions militaires de la nation britannique dans l'Hindoustan, depuis l'année 1745 jusqu'en 1763*

(1) Même volume, folio 65.

(*A History*, etc.), ouvrage publié à Londres en 1763 et 1776, et longtemps considéré comme la plus complète histoire de l'Inde au xviii° siècle, ne donne que la mention suivante ayant trait aux Martin, et elle vient à l'appui de notre supposition :

« Juin 1760. Cinquante des nouveaux déserteurs avaient été incorporés dans une compagnie appelée la « compagnie franche », sous le commandement de deux officiers français du nom de Martin. De même que les volontaires français, on les destina aux services les plus fatigants et les plus dangereux; et on les employa alors pour la première fois. Ils marchèrent le 10 juin, accompagnés de ving-cinq coffris, de deux compagnies de cipayes, de mille cavaliers noirs et d'un canon en fonte avec cinq canonniers, pour joindre Kistnarow à Villaporum, attendu qu'on supposait que les troupes du Mysore tentaient de se frayer un chemin par Érivadi.

..... « Les frères Martin arrivèrent à Villaporum le 11 et n'eurent aucune nouvelle de Kistnarow; le commandant de Gingi, pensant qu'il pouvait tenir tête à leur détachement, sortit des forts de la place avec cent Européens, quelques cipayes et de la cavalerie noire. Les Martin, ainsi que les déserteurs qu'ils commandaient, se conduisirent vaillamment sous leur nouveau drapeau, et repoussèrent leurs compatriotes, qui agirent mollement. Quelques-uns des cipayes français furent tués, et deux Européens, un topaze et un coffri furent faits prisonniers. »

Les frères Martin, dont parle l'historien que nous citons, n'ont d'autre rapport avec celui qui nous occupe que la similitude de nom. Nous avons vu plus haut, en effet, que si Claude Martin et son frère contractèrent tous deux un engagement pour les Indes, le premier seul partit, le second ayant consenti, sur les instances de sa belle-mère, à rester à Lyon, ville où il était né et où il mourut.

L'excellente *Histoire des Français dans l'Inde*, de M. Malleson, amène le récit des événements jusqu'au dernier épisode de l'expédition de Lally et à la mort de ce vaillant chef. L'opinion de l'auteur mérite d'autant plus confiance que M. Malleson, devenu colonel au corps d'état-major de l'armée anglaise du Bengale, habite constamment le pays théâtre des faits dont il est juge. *Directement* consulté, ce consciencieux et savant historien écrit que la mémoire du major général Martin est vénérée de tous, et que c'est après la reddition de Pondichéry que Claude Martin a pris du service dans la Compagnie anglaise des Indes.

Un autre ouvrage, que doivent lire tous ceux qui s'intéressent à l'histoire de l'Inde anglaise, l'*Histoire de l'armée du Bengale*, par le capitaine Broome (1), donne (p. 355) des détails sur Claude

---

(1) Cet ouvrage a été publié en 1850, chez MM. Thracker et Cie, à Calcutta, et chez MM. Smith aîné et Cie, à Londres.

Martin, sur les premiers services rendus par lui à la Compagnie anglaise des Indes. L'auteur, consulté tout récemment, lui aussi, à Smila, sur le major général Martin, prend en main la réputation de l'officier français et déclare professer pour lui la haute estime qu'il inspire à tous ceux qui l'ont connu dans ses actes et dans ses œuvres.

Nous ne pouvons nous dispenser de rappeler ici qu'à l'époque à laquelle nous nous reportons, l'avancement était à peu près impossible en France pour quiconque n'était pas d'origine noble. Malgré le courage, malgré le mérite, malgré le génie même, tout soldat roturier était infailliblement condamné à passer sa vie dans les grades inférieurs. Nous avons donc tout lieu de croire que Claude Martin, ayant contracté à seize ans un engagement pour un temps limité, comme ils se contractaient tous, une fois ce temps expiré, libre de ses actions, en présence de la désorganisation de notre puissance dans l'Inde et dans l'impossibilité de se créer une position dans notre armée, se décida, sans forfaire à l'honneur, puisqu'il n'avait pas à combattre contre son pays, à prendre du service dans la Compagnie anglaise des Indes, laquelle, plus tard, apprécia si fort sa bravoure, son mérite d'administrateur et sa haute intelligence.

L'extérieur de Martin prévenait en sa faveur; il était grand, d'une tournure distinguée, avait le front très-découvert, les yeux pleins de finesse et de vivacité. Dès les premières années, il sait se faire aimer et estimer de ses chefs anglais par une conduite irréprochable, par son caractère à la fois ferme et bienveillant. On l'envoie dans le Bengale avec un corps de troupes dont on lui confie le commandement ; le vaisseau échoue pendant la traversée ; mais grâce à son intrépidité, une partie de l'équipage est sauvée.

A son retour à Calcutta, en récompense de ce fait et d'autres qui le signalent à l'attention, le conseil du Bengale lui accorde un guidon de cavalerie, puis peu de temps après une compagnie d'infanterie.

Dans la nouvelle position qui lui est faite, Martin montre qu'il n'a pas seulement toutes les qualités du soldat, qu'il n'est pas seulement capable de faire la guerre, d'y employer de la bravoure et du sang-froid : chargé par le conseil de Calcutta de lever la carte du nord du Bengale, il déploie dans l'accomplissement de cette tâche délicate une rare habileté comme ingénieur et comme topographe (1). Le succès avec lequel il s'était tiré de cette mission le fit choisir pour un travail analogue à exécuter dans les États du nabab d'Oude. Là encore l'officier français fit merveille, et ce voyage dans l'Oude devait être

(1) Il reste de ce travail de Martin plusieurs plans qui ont été publiés par le major Rennel dans son *Atlas du Bengale.*

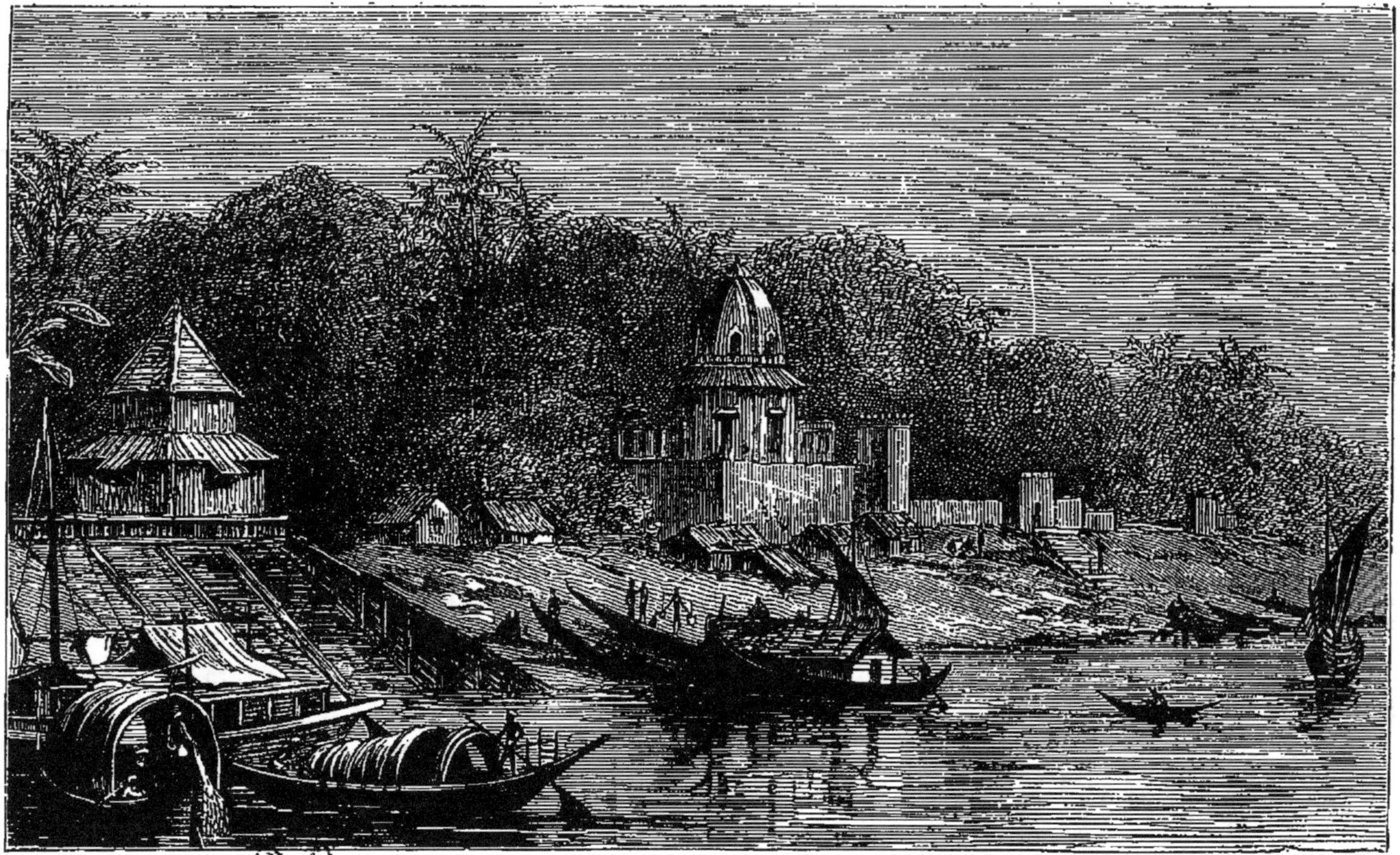

JARDINS DE LUCKNOW SUR LES BORDS DU GOUMTI

le jalon le plus important de sa brillante carrière.

Pendant le séjour de Claude Martin à Lucknow, le nabab Sodjah-ouh-Daoula conçut de lui une si haute idée, qu'il sollicita et obtint de la compagnie de le garder à sa cour en qualité de surintendant de son arsenal.

Le prince indien ne pouvait faire un choix plus heureux. Martin joignait, en effet, à une aptitude merveilleuse à comprendre toute chose et à un goût spécial pour les sciences, un vrai génie d'organisateur et d'administrateur. Son infatigable activité lui permit de suffire à la fois aux fonctions dont il était chargé, à des études, à des recherches, à des applications scientifiques, à la création et à l'administration d'établissements industriels considérables qui devaient être pour ces contrées une source ignorée jusque-là de bien-être et de progrès, par les relations permanentes qu'ils leur créaient avec le monde entier.

On comprendra facilement que la confiance que Martin avait inspirée tout d'abord au nabab ne fît que grandir lorsque celui-ci put apprécier ce qu'était l'homme en qui il la plaçait. Intelligent lui-même et désireux de voir se propager dans son royaume la civilisation et les idées européennes, Sodjah-ouh-Daoula associa Martin à tous les actes de son gouvernement, le chargeant même de contracter des emprunts.

L'étude approfondie des besoins du pays, une aptitude en quelque sorte innée pour les transactions politiques et commerciales rendirent extrêmement fructueuses les négociations entamées par le nouveau favori, et bientôt aucune affaire importante ne put plus se faire sans sa participation. Martin était devenu de tous points indispensable, et le nabab, pour le récompenser de son zèle et de son dévouement, le combla de ses faveurs, faveurs marquées au cachet d'une munificence tout orientale et qui ne doivent pas se calculer sur celles dont les souverains européens peuvent disposer de nos jours.

Pour donner une idée du rôle de Martin dans les Indes et des services importants qu'il rendit au nabab, il n'est pas hors de propos de citer ici un passage de l'*Histoire de la conquête et de la fondation de l'empire anglais dans l'Inde*, par M. le baron Barchou de Penhoën (1) (t. IV, p. 291) :

..... « Nous avons déjà dit, écrit M. de Penhoën, les commencements et la nature du pouvoir du Sundiah; ajoutons qu'il tirait une grande force de la manière dont son armée était commandée et disciplinée.

» L'influence politique jadis possédée par la

____

(1) Nous devons aux soins obligeants de M. Mignet la communication de plusieurs ouvrages de la bibliothèque Mazarine.

France dans l'Inde, au temps de Dupleix et de Bussy, était détruite; mais il restait dans la presqu'île un grand nombre de Français dont la plupart passèrent au service des princes indigènes. Dénués de tout appui extérieur, sans aucune ressource que leur épée, mais braves, hardis, entendant la guerre, d'humeur joyeuse et de mœurs faciles, ces aventuriers se rendirent sur plusieurs points utiles, indispensables à ceux qui les employèrent. Dans sa souplesse, le caractère français se prêtait merveilleusement à ce rôle, qui n'aurait point aussi bien convenu aux Anglais. On en voyait à la fois chez Tippou, chez le Nizam, chez les princes mahrattes; après avoir mis ces princes en état de combattre, ils n'avaient cessé de les encourager, de les soutenir dans la lutte. Quelques-uns de ces hardis compagnons avaient parfois suffi à tenir en échec toute la puissance britannique. C'était Lally, neveu de l'infortuné général de ce nom; de Boigne, Perron, Raymond, d'autres encore. Ils étaient, en un mot, chez tous ces princes, ce que fut de nos jours le général Allard auprès de Runjet-Sing. »

Martin n'est point cité parmi ces Français d'humeur aventureuse dont parle M. Barchou de Penhoën. Attaché à la Compagnie anglaise des Indes, il avait, lui, à combattre Tippou et les princes mahrattes, aidés dans leurs préparatifs de guerre et leurs expéditions par les Français que cite cet auteur et qui tous, comme Martin, animés du légitime désir de se créer une position, quittaient la France pour aller dans ces contrées lointaines former les armées des princes indigènes et mettre au service de ceux-ci leur intelligence et leur épée. Ajoutons, pour être simplement juste envers Martin, que combattre les troupes des princes indigènes, qu'elles fussent commandées ou non par des Français, ce n'était point porter les armes contre la France, dont le gouvernement n'avait rien à voir dans les démêlés et les luttes de la Compagnie anglaise avec les Hindous.

La générosité de Martin était proverbiale; sa droiture lui faisait traiter tous ceux qui l'approchaient, ses serviteurs, ses esclaves, avec une justice et une bonté dont l'exemple, mieux que toutes les théories humanitaires, devait apporter chez ces populations de mœurs si différentes des nôtres la civilisation dans ce qu'elle a de plus utile et de plus noble. Il aimait et cultivait la physique expérimentale, et l'on raconte à ce sujet qu'il répéta en présence du nabab les expériences aérostatiques de Montgolfier. Le prince, enchanté de ces merveilles, lui ordonna de construire pour une nouvelle épreuve un ballon dont la nacelle contiendrait vingt personnes. Si désireux qu'il pût être de plaire à son royal protecteur, Martin lui fit sentir le danger d'une telle ascension pour ceux qui seraient ainsi emportés dans les airs.

« Qu'est-ce que vingt hommes de plus ou de moins?
répondit le nabab; qu'une pareille misère ne vous
arrête pas. » Cette « misère » cependant fut justement ce qui l'arrêta. Martin, qui savait apprécier ce
que vaut la vie des hommes, et qui avait l'amour de
son semblable, qu'il fût esclave ou libre, éluda
l'ordre du despote asiatique, et l'expérience n'eut
pas lieu.

Martin sut mettre à profit pour lui-même — on
ne peut, que nous sachions, lui en faire un reproche
— le crédit que lui donnaient sa haute position et
l'influence qu'il avait acquise, pour créer des ma-
nufactures d'indigo et des usines destinées à la
fabrication des poudres. Si les bienfaits du prince
et une sage économie dans les émoluments de son
grade furent le premier élément de sa fortune, ces
établissements industriels, grâce à une surveillance
intelligente et active, grâce à un ordre sévère dans
leur administration, lui donnèrent une grande partie
de cette opulence dont il devait faire en mourant un
si noble usage.

La confiance qu'il inspirait était telle que les
riches indigènes, pendant les moments de troubles
qui désolaient ces contrées, accouraient déposer
chez lui leurs trésors et les confiaient à sa garde,
moyennant une rétribution de douze pour cent. Les
auteurs qui, à l'occasion de ces dépôts, ont accusé
Martin d'avoir acquis sa fortune d'une manière usu-

raire, ont montré une ignorance absolue des principes les plus élémentaires du droit. On ne saurait
voir dans l'acte dont nous parlons autre chose qu'un
dépôt salarié ne pouvant jamais constituer une opération usuraire, laquelle n'a lieu que pour des prêts
d'argent à intérêt plus élevé que le taux autorisé
par la loi. On confiait à Martin des trésors, et, en
raison des dangers qu'il courait lui-même pour ce
dépôt au milieu des troubles du pays, en raison de
ses soins et des dépenses qu'il faisait pour conserver dans son château fort ces biens à leurs légitimes
propriétaires, on lui donnait, paraît-il, douze pour
cent. Rien de plus avouable qu'une opération de
cette nature. Nul n'était obligé de lui confier ses richesses; on trouvait avantage à ce que, moyennant
cette rétribution, il les sauvegardât; et le contrat
de dépôt se formait entre le major général Martin
et les riches particuliers qui croyaient en son honneur.

Nous n'avons pas besoin d'insister davantage sur
un point aussi clair; mais, même en dehors de tout
dépôt et de toute rétribution pour ce fait, Martin
eût-il prêté de l'argent à douze, à dix-huit, à vingt
pour cent, il n'y aurait pas eu usure de sa part. Il ne
peut y avoir de prêt usuraire que dans les pays où
il existe une limitation du taux de l'intérêt fixée par
une loi, comme il en est actuellement en France,
d'après l'article 1907 de notre code civil, com-

plété par la loi du 3 septembre 1807 (1). Mais dans
les pays où une loi analogue limitant le taux de
l'intérêt n'existe pas, il n'y a pas d'usure. L'Inde
est dans ce cas. Cela est si vrai, que Martin avait
des fonds dans la Compagnie anglaise des Indes, qui
lui donnaient un intérêt de huit et de douze pour
cent. Aussi recommande-t-il dans son testament que
certaines sommes, dont la rente doit être affectée
au service de pensions faites par lui ou à des institutions de bienfaisance, soient placées dans la
Compagnie anglaise, « qui, prend-il soin de le men-
tionner, tout en offrant toutes les garanties de sé-
curité désirables, donne cet intérêt de huit et douze
pour cent. »

Nous avons tenu d'ailleurs à ne rapporter aucun
fait sans nous être convaincu de sa parfaite exacti-
tude. Puisant aux sources les plus sûres et ne né-
gligeant aucun moyen de nous éclairer, nous nous
sommes adressé, par l'intermédiaire d'un ami, à
M. Malleson, l'historien si recommandable que nous
avons déjà cité. Les renseignements qui nous sont
transmis des Indes sont catégoriques ; M. Malleson
nous communique un passage extrait du volume II
de l'*East India military Calendar* :

_____

(1) Des jurisconsultes éminents sont d'avis de supprimer dans
nos lois cette limitation du taux de l'intérêt ; l'argent serait alors
assimilé à une marchandise pour laquelle rien ne limite le taux
auquel elle peut être vendue.

« Le degré extraordinaire de faveur et de crédit que Martin acquit ainsi dans les États du nabab, y est-il dit, amena toutes les classes de la société à mettre en lui une confiance si aveugle que, en temps de troubles publics, on accourait à lui de tous les coins pour lui confier des valeurs mobilières, qu'il se chargeait de défendre et de restituer à réquisition du propriétaire, à condition de recevoir douze pour cent de leur entière valeur. »

Voici en outre la lettre textuelle de M. Malleson qui renferme cette citation :

« Vous me demandez, monsieur, s'il est vrai que le major général Martin ne restituait à leurs propriétaires les bijoux, l'argent et les objets précieux qui lui avaient été confiés par les habitants du pays dans les moments de troubles, qu'en se faisant payer, pour prix du dépôt confié à sa garde, des sommes considérables. Je puis affirmer que le major général Martin n'a rien fait qui doive faire rougir ses descendants. La citation de l'ouvrage *the East India military Calendar* que vous trouverez dans ma lettre donne les renseignements les plus vrais à ce sujet. Avant de déposer leurs biens dans les mains de M. Martin, les habitants du pays, en raison de la confiance qu'ils ont mise en lui, « ont offert » de lui payer douze pour cent de leur valeur s'il prenait la peine de les garder pour eux. M. Martin a accepté cette offre.

» Eu égard aux circonstances d'une époque si troublée et si éloignée aussi bien qu'aux coutumes du pays, on ne peut attacher aucun blâme à une telle action. Il est certain que l'auteur anglais du livre, en la rapportant, n'a pas censuré la somme dont M. Martin bénéficiait. Il va sans dire que cette action n'a pas été une infraction aux lois; au contraire, elle a été bien reconnue par le roi d'Oude (où M. Martin demeurait alors) et sanctionnée par les coutumes du pays. Il n'y avait dans le royaume aucune loi limitant le taux de l'intérêt, et il est bien certain que les gens riches du pays n'auraient pas voulu demander moins de vingt ou de vingt-cinq pour cent pour un tel service. C'est en raison du haut caractère de M. Martin, de la confiance que les habitants ont mise en lui, et de sa modération, qu'il a joui des avantages qui auraient été certainement refusés à un homme moins estimé. »

Le roi d'Oude, ainsi que le dit M. Malleson, reconnaissait comme licites les dépôts dont nous parlons, et s'il y avait eu dans ce fait quelque chose de blâmable à reprocher au dépositaire, les faveurs du nabab lui auraient été évidemment retirées; or, dans cette terre classique des intrigues jalouses, il conserva ces faveurs jusqu'à la fin de sa vie, avec la confiance et l'estime de tous.

Martin, devenu possesseur d'une grande fortune, l'employait à faire du bien autour de lui et en

France, où, pendant la Révolution, il envoya de fréquents secours à ses parents. Façonné au faste de l'Orient, il voulut avoir une demeure digne de sa haute position et qui lui permît de satisfaire ses goûts pour les expériences scientifiques, expériences dans lesquelles il cherchait toujours une application utile pour les arts ou pour l'industrie.

Le palais qu'il se fit construire sur les bords de la rivière Goumti, à Lucknow, près du parc d'artillerie, dont il avait la direction, existe encore aujourd'hui. C'est un édifice aux proportions grandioses et originales. Lui-même en fut l'architecte. Chaque étage a une élévation proportionnée à la crue progressive des eaux de la rivière; et afin d'échapper aux chaleurs accablantes du Bengale, si funestes surtout aux Occidentaux, il habitait successivement l'appartement souterrain au niveau des eaux les plus basses, le rez-de-chaussée, le premier, le deuxième et le troisième étage. Il jouissait ainsi en toute saison d'une température à peu près égale.

Amateur des beaux-arts, Martin orna cette demeure de tableaux, de gravures, de statues et d'autres objets précieux qu'il se faisait envoyer d'Europe. Au quatrième étage, il avait un magnifique muséum d'histoire naturelle contenant les collections les plus rares. L'édifice est surmonté d'un observatoire qu'il avait rempli d'instruments servant à ses expériences astronomiques.

Ce palais, comme toutes les autres constructions qu'il fit élever dans les Indes, est décoré de lions de pierre, emblème de la ville où il était né, qui attestent combien il tenait à affirmer son origine française.

Outre son palais de Lucknow, Martin possédait encore sur les bords du Goumti, à dix lieues de cette ville, une maison de campagne qu'il appela « Constantia-house »; le parc avait trois lieues de tour; et l'habitation était un château fort pouvant résister, dit-on, à toutes les armées asiatiques. C'est là probablement que les habitants du pays déposaient leurs trésors.

En 1781, Martin obtint par rang d'ancienneté le grade de lieutenant-colonel; pendant la guerre contre le sultan Tippou-Sahib, il fut fait colonel, et en 1796, sa nomination au grade de major général fut une juste récompense des services rendus par lui à la Compagnie des Indes. Toutefois, malgré la haute position à laquelle il était parvenu, Martin, nous nous plaisons à le constater de nouveau, n'oublia jamais son pays d'origine. Lorsqu'il eut obtenu ce grade élevé dans l'armée de l'«honorable compagnie », on le sollicita de se faire naturaliser Anglais, en lui promettant en échange des avantages considérables : « Je suis né Français, avait-il coutume de répondre, et c'est Français que je veux mourir. »

Eh bien! nous le demandons, si Martin avait eu à se reprocher une désertion, eût-elle eu même pour excuse la rigueur draconienne, quasi féroce, de la discipline de Lally, aurait-il manifesté des sentiments pareils? Si cet homme, doué de la finesse et de la pénétration qu'on lui reconnaît, eût été le transfuge qu'on s'est plu gratuitement à dire, il ne pouvait raisonnablement pas supposer que l'acte blâmable qu'il aurait eu à se reprocher fût ignoré de ses compatriotes, et la plus simple logique en pareil cas lui eût conseillé d'accepter les offres qui lui étaient faites, de consommer le sacrifice (qui n'en eût plus été un), de renoncer tout à fait à sa patrie et d'aller, désormais bien et dûment sujet anglais, recevoir en Angleterre les hommages décernés à son grade et dus peut-être à son rare mérite.

Non; si Claude Martin tient tant à sa qualité de Français, c'est qu'il a la conscience que la France n'aura qu'à s'enorgueillir en lui de l'élévation de l'un de ses enfants. Il veut la revoir cette France toujours présente à sa pensée; il fait jusqu'à la fin de sa vie le projet d'y retourner jouir en repos, et béni de tous, d'une fortune acquise par le travail et par la constance, *labore et constantiâ;* car telle est la devise qu'il a choisie, devise qui honore l'homme en même temps qu'elle est une noble revendication des voies suivies dans sa carrière.

CONSTANTIA-HOUSE, HABITATION DU MAJOR GÉNÉRAL MARTIN.

Un fait d'ailleurs que l'expérience démontre toujours vrai, c'est qu'une nation étrangère peut bien utiliser les services d'un homme qui s'est déshonoré dans son propre pays ; mais il reste sur le compte de cet homme une tache dont il ne peut se laver même aux yeux de ceux qui en profitent. Outre le témoignage des écrivains que nous avons cités, nous avons celui de M. John Stuart-Mill, l'éminent économiste anglais, fils de l'historien des *Indes britanniques*, qui fut longtemps lui-même un des principaux fonctionnaires de la Compagnie des Indes. « La mémoire du major général Martin, dit M. Stuart-Mill dans une lettre de fraîche date que nous avons sous les yeux, est regardée avec grand respect dans l'Inde... » Nous avons aussi les rapports de nombreux voyageurs, savants, missionnaires, industriels, qui tous, après avoir visité les établissements créés dans ce pays par Martin, font un égal éloge de l'homme et de ses fondations.

Martin ne jouit que pendant quatre années du haut grade qu'il avait conquis ; il mourut le 13 septembre 1800, à l'âge de soixante-cinq ans, de la maladie de la pierre. Son esprit inventif lui avait fait imaginer un instrument qui, dans son état rudimentaire, n'en est pas moins le type d'où sont sortis plus tard les instruments perfectionnés de la lithotritie ; on le conserve à Londres dans un des musées de chirurgie.

Claude Martin devait revivre par les nobles conceptions que lui avaient dictées son esprit et son cœur. Il en ordonna la réalisation dans un testament qui suffirait à lui seul pour illustrer sa mémoire, tant il y montre de philosophie et de grandeur d'âme, tant les bienfaits qu'il répand doivent être une source intellectuelle et matérielle de bien-être pour les générations qui sont appelées à y prendre part.

Ce testament, dont il a été imprimé une traduction, assez mauvaise d'ailleurs, en regard du texte anglais, forme tout un volume. Il est daté du 1er janvier 1800, Martin, au moment de cet acte suprême, dans un élan d'une foi sincère et vive, remercie la Providence de tout le bien qu'il en a reçu pendant toute sa vie.

La première disposition du testateur est le don de la liberté fait par lui à tous ses esclaves; puis, s'occupant de la distribution de ses biens, « que j'ai acquis, dit-il, avec honneur et réputation pour moi-même » (1), il en attribue des parts proportionnelles à tous ses parents, et, généreux autant que bon pour ceux qui l'entourent, il leur lègue des pensions.

Dans un langage empreint d'une noble simplicité, il déclare qu'il n'a jamais eu à cœur d'augmenter

______

(1) Page 9 du testament.

sa fortune que poussé par l'ambition de faire du bien aux autres; et ce mobile est justifié par tous les actes de sa vie. Partisan déclaré de la diffusion des lumières, il veillait à ce que tous ses serviteurs, comme aussi tous les gens que sa charité lui faisait recueillir, reçussent les bienfaits de l'instruction. Dans sa prévoyante sollicitude, Claude Martin prend soin de mettre les uns et les autres à l'abri du besoin par des pensions viagères, et de les garantir des imprudences que leur inexpérience en affaires pourrait leur faire commettre; en outre, sous l'empire de cette même pensée, il fait plus loin des recommandations à ses exécuteurs testamentaires pour qu'ils les préservent de toutes les influences qui pourraient leur être funestes. Ses serviteurs qui l'ont suivi à la guerre contre Tippou-Sahib, et qui dans tous ses périls ne l'ont jamais quitté, reçoivent de lui des témoignages généreux de sa reconnaissance.

Claude Martin fait suivre ces divers paragraphes de son testament de considérations d'un ordre très-élevé sur la morale et sur les principes fondamentaux des diverses religions; puis, cédant à ses inspirations philanthropiques, il lègue aux villes de Calcutta, de Lucknow et de Chandernagor des sommes considérables dont les intérêts devront servir à distribuer quotidiennement, à la même heure et à perpétuité, de l'argent et des vivres aux pauvres qui viendront solliciter ces secours. Afin que rien ne puisse paralyser ou dissimuler l'étendue du bienfait, il constitue une pension à celui qui sera chargé chaque jour de cette distribution d'aumônes.

Il créa aussi des maisons d'asile pour les étrangers, et, comprenant toute la rigueur de la loi sur la contrainte par corps en matière civile et commerciale, il consacre des sommes considérables à la délivrance des pauvres prisonniers pour dettes dans les villes de Lyon, de Calcutta et de Lucknow; il ajoute même : « pour petites dettes », car il n'est pas dans sa pensée de venir en aide à quelques grands spéculateurs ruinés par des entreprises téméraires : il ne songe qu'au travailleur honnête et obscur que l'adversité a frappé et qu'il veut relever par ses dons.

Nous arrivons à la disposition capitale du testament, celle qui ordonne la fondation d'écoles qui devront s'appeler « la Martinière », en souvenir de leur fondateur, à Lyon, à Calcutta et à Lucknow. Martin, ayant eu à compléter seul une éducation laissée inachevée par suite de son départ pour les Indes à un âge où les études sont le plus profitables, vit quelles difficultés doit vaincre celui qui est obligé d'apprendre sans le secours de maîtres. Imbu aussi du malheur des enfants du peuple que l'indigence de leur famille voue à l'ignorance et condamne ainsi toute leur vie à de grossiers travaux manuels, alors que leur intelligence cultivée et instruite eût pu les rendre aptes à des professions plus profitables à eux-mêmes et à la société, il conçoit l'idée de fonder dès écoles gratuites où les enfants pauvres recevront une éducation qui leur permettra de devenir, dans des villes commerçantes, des négociants importants, des chefs d'industries considérables.

De notre temps, où les idées de progrès tendent à faire répandre sur tous les bienfaits de l'instruction, on ne peut qu'honorer la mémoire de celui qui, prévoyant les aspirations auxquelles notre époque a donné l'essor, eut, au XVIIIe siècle, la pensée d'instruire le peuple en créant pour lui des écoles dont le modèle nous est aujourd'hui emprunté de toute part.

Martin n'entend pas que son legs profite aux garçons seuls : comprenant qu'un jour viendrait où la femme revendiquerait ses droits à l'émancipation, et convaincu qu'un travail suffisamment rémunérateur pour la mettre en état de se suffire à elle-même pourrait seul lui procurer cette émancipation, il dispose que les filles recevront, elles aussi, une éducation gratuite.

Jusqu'à ce jour, à Lyon, les garçons seulement ont été appelés à bénéficier de l'institution de la Martinière; mais les renseignements qui nous sont transmis sur ce point nous donnent tout lieu de croire que bientôt la volonté du testateur recevra sa pleine exécution. Ce ne sera pas assurément le côté le moins utile de ce legs. En présence des grèves et des agitations ouvrières que nous avons à subir, et qui semblent passer peu à peu à l'état chronique, ne voit-on pas en effet que la femme suffisamment instruite pourra remplir des emplois aujourd'hui confiés à des hommes et dont le salaire ne paraît pas suffisant à ceux-ci?

Nous désirons vivement pour Lyon que l'institution de la Martinière reçoive ce complément si utile. L'élément moralisateur qui devra en résulter pour les filles les garantira de dangers auxquels il ne leur est que trop souvent impossible d'échapper avec les gains de moins en moins élevés et aujourd'hui absolument illusoires des travaux d'aiguille.

M. le baron Charles Dupin, dans son ouvrage sur l'Exposition universelle de 1851, intitulé *Travaux de la commission française sur l'industrie des nations*, parle avec conviction des écoles fondées par le major général Martin, et c'est dans les termes suivants qu'il s'exprime sur celle de Lyon : « C'est, dit-il, l'école excellente et vraiment populaire que la reconnaissance publique a nommée « la Martinière » afin de faire aimer et de perpétuer le nom du bienfaiteur (1). »

Les fruits recueillis par l'école de Lyon sont immenses en effet; elle a compté certaines années jusqu'à neuf cents élèves, enfants du peuple, qui

(1) Tome I, p. 123.

sont venus y apprendre gratuitement la grammaire,
l'histoire et la géographie, l'arithmétique, l'algèbre,
la géométrie, la physique, la chimie, la mécanique,
le dessin, etc.

Le mode d'enseignement tout à fait spécial à cet
établissement et justement nommé « l'enseignement
en action », repose en général sur un ingénieux
système d'application immédiate pour l'élève des
principes qui lui sont enseignés. L'élève n'est point
assujetti à écouter une leçon dans un recueillement
pénible pour son âge. Dans ses études comme dans
ses jeux, il ne reste jamais immobile; à chaque dé-
monstration du maître, il trace lui-même un dessin,
il fait un calcul appliqué, une expérience de physique
ou une manipulation chimique. Cette méthode a un
double avantage : celui de rendre l'étude des sciences
facile pour les intelligences les moins bien douées,
en diminuant la force d'attention nécessaire pour
concevoir une longue série d'idées abstraites, et celui
plus grand encore de laisser un souvenir plus vivace
des connaissances qu'elle a procurées. C'est par
excellence la mise en pratique du vieux précepte
d'Horace :

> Segnius irritant animos demissa per aurem.
> Quam quæ sunt oculis subjecta fidelibus.

Les instruments de géométrie, les substances chi-
miques, les appareils qui servent à démontrer les

principes de la mécanique et de la physique passent dans les mains des élèves; et les instruments, les substances, les appareils sont en quantité suffisante pour que chacun d'eux puisse, au même moment, exécuter ce que le maître enseigne.

Cette école, destinée à former, non pas des savants, mais des artisans habiles, en même temps qu'elle développe par l'étude l'intelligence des élèves, les habitue et les façonne au maniement des outils, qui, plus tard, seront de puissants moyens de production dans leurs mains devenues plus robustes. Quelques élèves de la Martinière, n'ayant pas suivi les carrières industrielles auxquelles cet établissement les avait préparés, sont entrés à l'École polytechnique; d'autres, qui ont quitté l'institution populaire pour le lycée, ont eu presque tous un avantage marqué sur leurs nouveaux camarades dans les mathématiques et dans les sciences.

De tous les éloges qu'une fondation devenue si féconde en bons résultats a fait décerner à la mémoire de Claude Martin, il n'en est pas de plus mérités que ceux que contient la lettre inspirée au tribun Carret, du Rhône, par la lecture du testament qui devait doter Lyon d'une de ses plus belles institutions. Cette lettre est extraite du *Bulletin de Lyon* (1er prairial an XI); elle est adressée au rédacteur du *Moniteur* et datée de Paris, du 6 floréal an XI. La voici; si elle n'est point d'un style irréprochable, elle porte

du moins l'empreinte de la sincérité dans les sentiments qu'elle énonce :

« Citoyen rédacteur,

» Il est des exemples qui ne doivent être perdus
ni pour la société générale ni pour le pays surtout
qu'ils intéressent particulièrement.

» Tel est celui que vient de donner récemment le
major général Martin, mort, il y a deux ans, gouverneur de Calcutta.

» Né à Lyon en 1735, de parents honnêtes mais
peu fortunés et chargés d'enfants, il s'engagea fort
jeune encore et passa avec son régiment aux grandes
Indes. On ignore quels motifs le déterminèrent alors
à quitter le service de la France pour entrer à celui
de la Compagnie anglaise. Il se distingua bientôt, et
parvint de grade en grade au poste honorable qu'il
a rempli jusqu'à la fin de ses jours avec l'estime et
la considération générales.

» Sa patrie et ses concitoyens ne s'éloignèrent jamais un moment de sa pensée ; la différence du climat,
celle du sort brillant dont il jouissait, comparé à celui
que l'ordre naturel des choses lui destinait en France,
rien n'a pu éteindre en lui ce sentiment pur et sacré
du pays, sentiment cher et naturel à tous les hommes,
mais qui, prenant nécessairement le caractère des
différents peuples, est plus actif, plus ardent peut-

être chez les Français que chez aucune autre nation.

» Le major général Martin avait constamment mis au nombre de ses jouissances les plus chères l'espoir d'en témoigner un jour sa reconnaissance à la ville de Lyon pour les soins qu'elle est dans l'habitude de prodiguer à la jeunesse, pour les ressources qu'elle lui offre dans les établissements fondés par les citoyens riches, et destinés à l'instruction de ceux qui le sont moins. La reconnaissance est un sentiment inné au cœur des Lyonnais; la bienfaisance est habituelle dans cette cité industrieuse, et le major général Martin a suivi naturellement l'irrésistible impulsion des exemples de générosité dont il avait été souvent le témoin.

» Le testament du major général Martin est une preuve nouvelle que ce sentiment l'animait. Non-seulement il y parle avec l'attendrissement de la réconnaissance des lieux qui l'ont vu naître; mais, voulant donner à la ville de Lyon en particulier un témoignage à jamais subsistant de son attachement pour elle, il lui lègue (art. 25 du testament) une somme de deux cent cinquante mille *sicka rupees*, à peu près un million cinq cent mille francs, pour celle des institutions qui paraîtra la plus conforme au bien public. Il semble désirer cependant qu'elle soit consacrée à l'instruction d'un certain nombre d'enfants des deux sexes, dont il veut encourager le zèle et récompenser la vertu; mais il s'en rapporte sur le tout à la prudence des magistrats, et se borne à indiquer son vœu sans en faire nulle part une loi.

» Il lègue encore une autre somme dont l'intérêt annuel, surveillé par les magistrats, sera employé à la délivrance d'un certain nombre de prisonniers pour dettes.

» Il lègue à chacun de ses frères et sœurs, et à d'autres parents, des sommes considérables, et cependant proportionnées au degré de parenté.

» Ce qui distingue surtout le testament, c'est l'esprit de candeur et la probité franche qui l'ont dicté d'un bout à l'autre. Il faudrait le lire en entier pour voir jusqu'où s'étend sa bienveillance pour tout ce qui l'environne, avec quelle sollicitude il prévient et détruit d'avance tout ce qui pourrait entraver la marche de ses bienfaits, après avoir pris toutes les précautions possibles pour l'assurer à jamais. Et tout cela sans faste et sans vaine ostentation. S'il veut que le nom du donateur paraisse quelque part, qu'il soit même gravé sur la pierre ou sur le marbre, c'est afin, dit-il, que dans le cas d'une négligence coupable de la part de ses exécuteurs ou substituts, un monument public soit toujours prêt à avertir les magistrats de leur devoir et la conscience des comptables de leur dette.

» Ce n'est pas là sans doute chercher à étendre son ambition et son pouvoir au delà de la tombe;

c'est assurer l'empire de la bienfaisance et donner
à son action la plus sainte et la meilleure des garanties.

» J'ai cru ces détails intéressants sous plus d'un
rapport pour mes concitoyens, et je vous prie, citoyen rédacteur, de vouloir bien leur donner la
publicité convenable.

» J'ai l'honneur de vous saluer.

» Carret (du Rhône), tribun. »

A la date du 12 floréal an XI, Bonaparte, alors
premier consul, rendit un arrêté pour ordonner
l'exécution, aux frais de la cité, d'une statue et d'un
tableau destinés à représenter le major général
Martin. Aux termes du même arrêté, l'institution
de la Martinière devait s'élever sur la place Saint-
Saturnin, « pour exécuter complétement, dit le
premier consul, la dernière volonté du testateur et
afin que sa mémoire soit honorée aux mêmes lieux
où l'on bénit son enfance. »

Le premier consul rendait ainsi un public hom-
mage aux vues philanthropiques de cet homme de
bien. Il avait compris que les actes de libéralité de
Martin ne pouvaient pas être envisagés comme ceux
d'un donateur vulgaire que l'orgueil pousse à laisser de grosses sommes d'argent au pays qui l'a vu

naître, mais bien comme l'œuvre réfléchie d'un esprit généreux dont les conceptions libérales sont un élément de moralisation autant que de bien-être pour les populations appelées à jouir du bienfait.

A ce titre, comme les législateurs, les guerriers, les écrivains, les artistes, comme tous les hommes de génie qui ont eu sur les destinées de leur pays la plus utile des influences, il a droit à la part la plus large et la plus légitime dans notre sympathie, dans notre admiration même, celui qui, sûr de la loyauté de sa vie, prit soin d'écrire lui-même dans son testament l'épitaphe de son tombeau :

ICI REPOSE LE MAJOR GÉNÉRAL CLAUDE MARTIN,
VENU AUX INDES SIMPLE SOLDAT

FIN.

TABLE DES MATIÈRES

PREMIÈRE PARTIE

LA FRANCE ET L'EMPIRE DES INDES

LES FONDATEURS DE LA DOMINATION FRANÇAISE DANS LA PÉNINSULE INDIENNE.

DEUXIÈME PARTIE

OFFICIERS DE FORTUNE EUROPÉENS

CHEZ LES PRINCES HINDOUS CONTEMPORAINS.

TABLE DES GRAVURES

PARIS. — IMPRIMERIE DE E. MARTINET, RUE MIGNON, 2.